Arthur Dix

Sozialmoral

Kriminal - politische Aufsätze

Arthur Dix

Sozialmoral

Kriminal - politische Aufsätze

ISBN/EAN: 9783743434660

Hergestellt in Europa, USA, Kanada, Australien, Japan

Cover: Foto ©Suzi / pixelio.de

Manufactured and distributed by brebook publishing software (www.brebook.com)

Arthur Dix

Sozialmoral

Sozial-Moral.

Kriminalpolitische Aufsätze

von

Arthur Dix.

Leipzig.
Verlag von Gg. Freund.
1898.

Druck von Metzger & Wittig in Leipzig.

Inhalt.

I. Das Verbrechen als soziale Erscheinung.
    1. Kriminalstatistische Betrachtungen 5
    2. Volksgesundheit und Verbrechertum. 11
    3. Die Wohnungsfrage als Frage der sozialen Moral 15

II. Historische Wandlungen der sozialen Moral.
    1. Umwertungen der moralischen Werte 21
    2. Umwertungen des Schuldbegriffes 25
    3. Umwertungen der Sühne 29

III. Die Verbrecher.
    1. Jugendliche Verbrecher 35
    2. Rückfällige Verbrecher 39
    3. Die gewerbsmäßigen Verbrecher und das Strafrecht 41

IV. Die Behandlung der Verbrecher.
    1. Zur Deportationsfrage 46
    2. Juristen-Klinik 51

V. Tabellen.
    1. Verbrechen und Vergehen gegen Reichsgesetze 1894/95 . . . 58
    2. Die Verurteilten nach den Landesteilen 1894 60
    3. Die Verurteilten nach Alter und Geschlecht 1886/95 62

Litteratur 64

Die folgenden Aufsätze sind zum Teil bereits als einzelne Artikel in folgenden Zeitschriften erschienen:

„Volksgesundheit und Verbrechertum" in der „Zeit" vom 11. XI. 1896.

„Die Umwertung des Schuldbegriffes" in der „Wiener Rundschau", II. Jahrg., Nr. 17.

„Schuld und Sühne in moderner Beleuchtung" im „Magazin für Litteratur", 66. Jahrg., Nr. 33.

„Die jugendlichen Verbrecher" in der „Ethischen Kultur", 5. Jahrg., Nr. 36.

„Rückfällige Verbrecher" in der „Sozial-Korrespondenz", Nr. 70.

„Juristen-Klinik" in der „Neuen Revue", 8. Jahrg., Nr. 36.

I.
Das Verbrechen als soziale Erscheinung.
1. Kriminalstatistische Betrachtungen.

Wer zum ersten Male einen Blick in die Kriminalstatistik wirft, muß staunen, mit welcher auffallenden Regelmäßigkeit in demselben Lande Jahre lang fast genau gleiche Zahlen wiederkehren. Diese merkwürdige Thatsache ist bereits seit geraumer Zeit beobachtet worden und hat zur Konstruktion der verschiedensten „Gesetze" Veranlassung gegeben.

Neben dieser im allgemeinen bestehenden Regelmäßigkeit hat man nun aber auch eine Reihe nicht minder beachtenswerter Ausnahmen beobachtet, und gerade diese Ausnahmen haben den Schlüssel für die Lösung des Rätsels gegeben. Es zeigte sich nämlich bald, wie jederman weiß, eine auffallende Übereinstimmung zwischen den Schwankungen in der Kriminalstatistik einerseits und Schwankungen in der Statistik der Getreidepreise, des Alkoholkonsums, der unehelichen Geburten und anderer Daten anderseits.

Durch diese statistischen Betrachtungen gelangte man dazu, das Verbrechen als soziale Erscheinung, seinen Zusammenhang mit vielen anderen Erscheinungen des öffentlichen und wirtschaftlichen Lebens kennen zu lernen und näher zu betrachten.

Eins sei noch vorweg bemerkt: Die Statistik steht vielfach, und nicht immer mit Unrecht, in Mißkredit; in vielen Fällen, wie etwa in der Ernteftatistik, der Statistik der eingeführten Werte u. a., ist sie thatsächlich nur mit äußerster Vorsicht zu genießen; viele, sehr viele Zahlen werden dem Publikum als „Statistik" dargeboten, während sie doch nur durch eine oft ganz oberflächliche und unzutreffende Schätzung gewonnen werden. Zudem werden in der

Presse allerlei Taschenspielerstückchen mit der Statistik unternommen, Zahlen verglichen, welche durch ganz verschiedene Erhebungsverfahren gewonnen sind — kurz, allerlei tendenziöse Mißbräuche der Statistik. Mit Recht verhält sich das Publikum daher der Statistik gegenüber recht kritisch. Für unsern Fall wollen wir deshalb nicht unterlassen, ausdrücklich zu bemerken, daß die Kriminalstatistik ebenso zuverlässig als interessant ist, daß sie zu den mit größter Genauigkeit gewonnenen Statistiken gehört. —

Nach dieser kleinen Abschweifung zurück; sehen wir uns zunächst die einzelnen Zahlen unserer Kriminalstatistik etwas näher an.

Im Deutschen Reiche werden jährlich wegen Verbrechen und Vergehen gegen Reichsgesetze rund 450 000 Personen verurteilt, das sind etwa 125 von je 10 000 strafmündigen Personen (im Alter von 12 Jahren und darüber); von diesen Verurteilten sind etwa 370—380 000 männlich, etwa 75 000 weiblich, darunter 45 000 jugendlich (noch nicht 18 Jahre alt), und rund 170 000 bereits vorbestraft. Was die einzelnen Verbrechen und Vergehen anlangt, so nimmt der Diebstahl die erste Stelle ein — mehr als ein Fünftel aller Verurteilungen erfolgen wegen Diebstahls, obwohl hier gerade die Freisprechungen am häufigsten sind; im Jahre 1895 wurden z. B. 114 521 Personen wegen Diebstahls angeklagt und davon 93 044 wegen 117 525 Handlungen verurteilt, das sind 25,6 von je 10 000 strafmündigen Personen. Unter den Eigentumsvergehen nimmt auch der Betrug eine wichtige Stelle ein (6,2 unter 10 000 Strafmündigen); es folgt die Unterschlagung (5,3), Hehlerei, Urkundenfälschung, Erpressung u. s. w. Insgesamt nimmt die Zahl der gegen das Vermögen gerichteten Handlungen bei weitem die erste Stelle unter den Verbrechen und Vergehen ein: Von 550 793 Handlungen, die im Jahre 1895 zur Verurteilung führten, waren 255 282 gegen das Vermögen gerichtet; das macht auf 10 000 strafmündige Personen 70,3 Verbrechen und Vergehen gegen das Vermögen, begangen von 51 Personen ($^1/_2\,^0/_0$ der strafmündigen Bevölkerung).

Wer wollte leugnen, daß wir es hier mit einer sozialen Erscheinung zu thun haben, die tief in der Gesamtheit der sozialen Verhältnisse wurzelt. Die ungeheure Ungleichheit der Besitzverteilung; die Unzulänglichkeit unseres Strafsystems; das Gespenst der Arbeitslosigkeit; Genußsucht und Arbeitsscheu; der Diebstahl aus Not oder als leichter Erwerbszweig, oder als Mittel, sich für den

Winter den verhältnismäßig angenehmen Aufenthalt im Gefängnis zu erschließen; die Kinder, die von ihren verkommenen Eltern geradezu zum Diebstahl dressiert werden; der Schwindler und Spieler, der sich im Handumdrehen in die oberen Zehntausend hinaufschwingen will; der gewerbsmäßige Betrug in allen Gestalten; der einmal Gefallene, der im Gefängnis von erfahrenen Lehrmeistern für immer dem verbrecherischen Handwerk gewonnen wird — kurz, die ganze Reihe der jugendlichen, rückfälligen und gewerbsmäßigen Verbrecher, Gruppen, die im einzelnen noch näher beleuchtet werden sollen, die eng verwachsen sind mit der ganzen sozialen Organisation.

Den Verbrechen und Vergehen gegen das Vermögen stehen diejenigen gegen die Person kaum nach, wurden doch z. B. im Jahre 1895 allein wegen gefährlicher Körperverletzung von 10 000 strafmündigen Personen mehr als 22 verurteilt, ferner 14,7 wegen Beleidigung, 7,4 wegen einfacher Körperverletzung, 5,5 wegen Hausfriedensbruches u. s. w. — insgesamt 51,7 Personen wegen 56,8 Handlungen (unter 10 000 strafmündigen Personen) gegen die Person. Den Vermögensverbrechen, dieser äußersten Form des unsere Zeit beherrschenden Kampfes um den Besitz, das „Kapital", reihen sich also unmittelbar jene Verbrechen an, die sich der Hauptsache nach als Rohheitsverbrechen der im sozialen Kampfe erhitzten Menge kennzeichnen; mit ihnen Hand in Hand gehen die Verbrechen gegen Staat, öffentliche Ordnung und Religion, in denen sich dieser soziale Kampf am deutlichsten spiegelt; auch hier rund 80 000 Verurteilungen in einem Jahre!

Von besonderer Wichtigkeit ist die Verteilung der einzelnen Verbrecher nach Alter und Geschlecht. Ohne schon an dieser Stelle auf das Problem der jugendlichen Verbrecher näher eingehen zu wollen, sei nur bemerkt, daß im Jahre 1895 über 45 000 Personen im Alter von 12—18 Jahren verurteilt wurden, daß von je 100 Verurteilten 10 in diesem Alter standen; ferner waren unter 100 Verurteilten 83 männlichen und 17 weiblichen Geschlechts, darunter 40 bereits vorbestraft! Das Verhältnis war im Jahre 1894 fast genau das gleiche. Die Zahl der weiblichen Verbrecher (insgesamt 77 000) ist am größten beim Diebstahl (25 000); es folgt die Beleidigung (14 000). Der verhältnismäßige Anteil der Frauen ist außerordentlich groß bei der

Hehlerei; von 100 wegen Hehlerei verurteilten Personen sind mehr als 35 weiblichen Geschlechts; nächst der Beleidigung ist sodann ihr Anteil an den Meineiden auffallend groß (27%); der Diebstähle (26,5%) ist schon oben gedacht. Im ganzen zeigt sich, daß die Frauen in weit höherem Maße an den Vermögensverbrechen beteiligt sind, als an den gegen die Person, gegen Staat und öffentliche Ordnung gerichteten, eine sich aus der Stellung der Frau im öffentlichen Leben von selbst erklärende Thatsache; der große Anteil der weiblichen Verbrecher an dem heimlichsten aller Verbrechen, der Hehlerei, ist charakteristisch genug.

Noch sehr viel stärker überwiegen die Vermögensverbrechen bei den Jugendlichen; als eigentlich jugendliche Schandthat tritt hier neben der Unzucht noch die Brandstiftung hinzu (30% aller Brandstiftungen von Jugendlichen verübt). — Was die Rückfälle angeht, so werden folgende Verbrechen in mehr als 50% aller Fälle von vorbestraften Personen verübt: Raub und räuberische Erpressung (gegen 65%!), Gewalt und Drohung gegen Beamte (60%), Betrug, Mord und Todschlag. Auch in den Vermögensverbrechen wird der Durchschnitt von 40% durchweg überschritten. Die Zahlen erklären sich im allgemeinen von selbst und bedürfen keiner weitschweifigen Erläuterung; man erkennt die einzelnen Kategorien leicht als gewerbsmäßige Verbrechen oder als solche, die überwiegend von Leuten begangen werden, die mit dem Strafgesetzbuch schon recht oft in Konflikt geraten sind.

Nun noch zu einer weiteren Betrachtung, welche in vielen Fällen mit überraschender Deutlichkeit den Zusammenhang zwischen dem Verbrechen und anderen sozialen Erscheinungen, der ganzen sozialen Gruppierung überhaupt, darthut: Die Häufigkeit der einzelnen Verbrechen in verschiedenen Ländern und Landesteilen. — Ich will der Versuchung widerstehen, die äußerst interessante und lehrreiche internationale Kriminalstatistik heranzuziehen; beschränken wir uns auf die verschiedenen Landesteile Deutschlands. Auch hier finden wir hinlänglich scharf geschiedene Gruppen.

Man müßte ganze Bände füllen, wollte man nun die sozialen Verhältnisse in den einzelnen Gebieten bis ins Detail haarscharf zerlegen und überall die Zahl und Art der Verbrechen damit vergleichen. Zur Not genügt es, nur einige weite Umrisse zu geben — der Zusammenhang wird auch bei oberflächlicher Betrachtung dem Laien im allgemeinen überraschend vor die Augen treten. Die Verteilung des Grundbesitzes — übermäßige Zersplitterung mit großem Notstande der kleinen Parzellenbesitzer; übermäßiger Latifundienbesitz mit tiefer sozialer und wirtschaftlicher Stellung der Landarbeiter, Rohheit und völliger Unbildung derselben — die Menschen- und Elendsanhäufung der Großstadt, mit Arbeitslosigkeit, Wohnungselend, Verführung und ausgedehnter Gelegenheit zu Schwindel und Spekulation — das sind die Hauptgesichtspunkte, aus denen sich an den verschiedenen Stellen die verschiedene Häufigkeit der einzelnen Verbrechen überdeutlich erklärt. Dazu der Alkoholkonsum und andere Erscheinungen.

Sehen wir zunächst die großen Gruppen. Da ist, immer auf 10 000 strafmündige Personen der Zivilbevölkerung berechnet, der Durchschnittssatz der Verbrechen und Vergehen gegen Reichsgesetze überhaupt im ganzen Reiche 124,3, in Preußen 127,8 (Verurteilungen im Jahre 1895; es sei hier gleich bemerkt, daß diese Zahl dauernd gestiegen ist; sie betrug im Jahre 1891: 112; 1892: 120; 1893: 121). Und nun gegenüber diesem Durchschnitt die Großstädte: Hamburg mit 224, Bremen mit 201, Berlin mit 176; und einzelne agrarische Bezirke wie Westpreußen mit 174, Posen mit 170, Ostpreußen mit 155,6, Schlesien mit 150, und andererseits die bayrische Pfalz gar mit 193. Nach dem oben gesagten können wir diese Zahlen einstweilen für sich reden lassen. Für die bayrische Pfalz sei nur noch daran erinnert, daß sie denjenigen Teil Deutschlands darstellt, der zugleich die am weitesten gehende Zerstückelung des Bodens (Zwergbesitz) und den größten Alkoholkonsum aufweist.

Die Verbrechen gegen Staat und öffentliche Ordnung überwiegen wieder in den Großstädten; die Zahlen betragen: im Durchschnitt des Reiches 21 $^0/_{000}$, in Hamburg 62, in Bremen 51, in Berlin 36. Wieder kommen die oben genannten Länder hinzu, und zwar in erster Linie jene Grenzländer mit gemischter Bevölkerung, in denen eine starke politische Spannung herrscht: Westpreußen und Posen, dazu Elsaß-Lothringen und Schleswig-Holstein; auch hier wieder deutlich „das Verbrechen als soziale Erscheinung". — Die Verbrechen und Vergehen gegen die Person sind wieder in der Pfalz geradezu erschrecklich häufig; auch das rechtsrheinische Bayern liefert für die Rohheitsverbrechen eine starke Armee; in Preußen die gemischtsprachigen agrarischen Provinzen, besonders also Posen, Westpreußen, Schlesien und demnächst Ostpreußen, die aus naheliegenden Gründen — nationaler Kampf, Unbildung und Rohheit der Bevölkerung — die größten Scharen stellen.

Ohne in die Statistik zu blicken, wird man die Eigentumsvergehen in erster Reihe in den Großstädten suchen; in der That, die Zahlen sprechen wieder deutlich (Reichsdurchschnitt 52, Hamburg 122, Bremen 91, Berlin 88); und wiederum schließt sich dem städtischen Proletariat und dem städtischen Schwindler, Betrüger, Spekulanten, Taschendieb, Hochstapler der ländliche Proletarier an (Ostpreußen 69, Westpreußen 68, Posen 66, Schlesien 63).

Verfolgt man die einzelnen Gruppen und Arten der Vergehen und Verbrechen genauer, so stößt man immer wieder auf dieselben Thatsachen, dieselben Gruppierungen, dieselben Nährböden des Verbrechens; dieselben großen Zahlen immer wieder beim großstädtischen und beim ländlichen Proletariat, beim großstädtischen Schwindel und bei ländlicher Unkultur und Rohheit, beim heftigen parteipolitischen Kampf in der Großstadt und beim nationalen Kampf in den Grenzprovinzen mit gemischter Bevölkerung. Hält man diese Gesichtspunkte fest, so hat man den Schlüssel zur gesamten Kriminalstatistik in der Hand und findet wohl zu jeder auffallenden Zahl ihre Erklärung. — Soll ich nun noch Einzelheiten hervorheben? Es mag genügen, wenn ich etwa erwähne, daß wir die Maximalzahlen z. B. für Verletzung der Wehrpflicht in den Grenzprovinzen Westpreußen und Posen, Schleswig-Holstein und Elsaß-Lothringen finden, für Meineid in Ost- und Westpreußen, für Unzucht in Berlin (mit Vororten) und Hamburg, sowie der Pfalz, für Körperverletzung in der Pfalz und den mehrfach genannten Landproletariat- und Grenzprovinzen, für Unterschlagung in Hamburg, Berlin, Bremen, ebenso für Betrug und Urkundenfälschung.

Genug der Beispiele! Sie ließen sich aus den Einzelheiten der Kriminalstatistik aller Kulturländer tausendfach ergänzen. Viele verdienstvolle Forscher haben sich denn auch eingehend mit der Frage beschäftigt. Wie die Idee sich allmählich durchgerungen hat, welche Wandlungen die Verbrecherlehre, die Wissenschaft der Kriminologie, bis zu diesem Punkte durchgemacht, welche Übertreibungen schließlich auch die soziale Kriminalpsychologie bei ihrem Auftreten erlebt hat, wird noch besonders zu untersuchen sein. Aber diese wenigen trockenen statistischen Betrachtungen haben uns schon in genügender

Deutlichkeit gezeigt, einen wie tiefgreifenden Einfluß die sozialen Verhältnisse auf die moralischen ausüben, wie eng die Moral in einem Lande mit der sozialen Organisation verknüpft ist. — Schon in seinem 1823 erschienenen „Handbuch des Kriminalrechts und der Kriminalpolitik" sprach Henke es aus, daß die Verbrechen „ihren Grund oft weniger in einer moralischen Versunkenheit und Verderbtheit des Verbrechers haben, als in mangelhaften Anordnungen und Einrichtungen der bürgerlichen Gesellschaft, deren Mitglied er ist". Denselben Gedanken finden wir immer wieder in neueren Schriften, so bei dem glänzenden Vertreter der modernen Kriminalpsychologie, Prof. F. v. Liszt in Halle, den wir noch oft als Zeugen anrufen werden, welcher sagt: „Auch führen die individuellen Bedingungen des Verbrechens teilweise unmittelbar auf soziale Bedingungen zurück. Das Massenelend ist der Nährboden, auf welchem nicht nur das Verbrechen selbst gedeiht, sondern auch die Entartung auf Grund erblicher Belastung, welche ihrerseits zum Verbrechen führt."

Fügen wir endlich noch zwei Urteile von Männern hinzu, die sich mit der Wissenschaft vom Gaunertum in hervorragender Weise beschäftigt haben, und die schärfsten Konsequenzen aus dem Zusammenhang der Moral und der sozialen Ordnung ziehen. Avé-Lallement nennt das Gaunertum „ein sekundäres Übel am siechenden Körper des Bürgertums, das nicht eher vertilgt werden kann, als bis der Körper selbst geheilt ist" — und ganz ähnlich zieht Bär der sozialmoralischen Weisheit letzten Schluß:

„Wer die Verbrechen beseitigen will, muß die sozialen Schäden, in welchen das Verbrechen wurzelt und wuchert, beseitigen."

2. Volksgesundheit und Verbrechertum.

Die Thatsache, daß Volksgesundheit und Verbrechertum in engstem Zusammenhange stehen, ist zwar weit über die engeren Fachkreise hinaus bekannt, praktisch aber noch verschwindend wenig beachtet. Mens sana in corpore sano — wo der Volkskörper ungesund ist, da stellen sich unfehlbar auch moralische Krankheiten ein, deren Stärke gleichen Schritt hält mit der der physischen. Der Einzelne muß körperlich und wirtschaftlich gesund sein, um geistig und moralisch völlig gesund sein zu können; und nur wenn die Einzelnen gesund sind, kann das Volk gesund sein, körperlich-wirtschaftlich wie geistig-moralisch.

Wie stark mit der gegenwärtigen körperlich-wirtschaftlichen Krankheit die sittliche verknüpft ist, dafür geben die Worte Liszt's ein beredtes Zeugnis: „Man mache sich doch die ganze Jämmerlichkeit des gegenwärtigen Zustandes klar. Von 1882—87 sind im ganzen über zwei Millionen Menschen, darunter 180000 jugendliche, wegen Verbrechen und Vergehen gegen Reichsgesetze verurteilt worden. Nun beträgt aber die Zahl dieser Verbrechen und Vergehen weniger als ein Viertel sämtlicher vor deutschen Gerichtshöfen zur Aburteilung gelangten strafbaren Handlungen. Die Gesamtzahl der Verurteilten in diesem Zeitraum dürfte mithin auf etwa 10 Millionen Menschen rund veranschlagt werden. Das macht etwa 15 Millionen im Jahrzehnt". Die Zunahme der Verbrecher in den letzten Jahrzehnten ist außerordentlich groß; die Zahl der Verbrechen und Vergehen hat sich in Frankreich z. B. von 1841—78 verdoppelt, während die Bevölkerung nur um 7 v. H. — der Alkoholkonsum aber gleichzeitig um 176 v. H. zugenommen hatte. Ebenso wie die Verbrechen und Vergehen hat der Irrsinn um sich gegriffen; auch hier fast überall eine Verdoppelung in wenigen Jahrzehnten und das gleiche gilt, nur in noch stärkerem Maße, für die Zahl der Selbstmorde, die sich vielfach in kurzer Zeit sogar verdreifacht hat.

Daß Irrsinn und Verbrechen einander nicht gar so fern stehen, ist bekannt; Degenerationszeichen, Schädelanomalien, wie sie für den Irrsinn festgestellt sind, finden sich nach neueren Untersuchungen bei etwa 60 v. H. der hierauf untersuchten Gefangenen. Diese Entartung beruht teils auf erblicher Belastung durch körperlich und geistig kranke Eltern, teils auf schlechter Ernährung und Erziehung in der frühesten Jugend. Ist sie aber an sich schon eine Krankheit, so bedarf sie zu ihrem Durchbruch gewöhnlich eines Anstoßes, der auf einer größeren, der gesellschaftlichen Krankheit beruht; „es hängt", wie Liszt sagt: „von den Lebensschicksalen in ihrer Gesamtheit ab, ob die Störung des sittlichen Gleichgewichts — (auf Grund der physischen Krankheit) — zum Selbstmord, zum Wahnsinn, zu schweren Nervenleiden, zu körperlichen Krankheiten, zu unstätem, abenteuerlichem Lebenswandel oder aber zum Verbrechen führt" — ein Leitsatz, den wir für die späteren Betrachtungen fest im Auge behalten müssen — und über die Ursache und Art der Krankheit finden wir treffliche Untersuchungen in Bär's Werk: „Der Verbrecher". Dort heißt es: „Die Verbrecherbevölkerung stammt der allergrößten Mehrheit nach aus den ärmeren, niederen Volksklassen, bei denen Kränklichkeit und Sterblichkeit viel größer ist, als bei den wohlhabenden Schichten der Bevölkerung. Viele von den Verbrechern stammen von durch Trunksucht und Laster herabgekommenen oder mit konstitutionellen Krankheiten belasteten Eltern ab".

Die wichtigsten Degenerationserscheinungen bei Verbrechern, die am Schädelgewölbe, am Gesicht und am Gaumen, sind die einfachste Folge von Ernährungsstörungen im ersten Säuglingsalter. Es giebt eine Reihe von Schädelanomalien beim Menschen, welche nur auf Ernährungsverhältnisse im kindlichen Alter zurückgeführt werden können. Am augenscheinlichsten ist das bei der Schläfenenge der Fall. Nach Virchow ist diese eine sehr häufige Anomalie bei den Schädeln niedrig stehender Rasse — nach Ranke tritt aber eine ausgesprochene Schläfenenge auch bei Kindern hochstehender Klassen ein, wenn durch krankhaften Schwund des kindlichen Schädelinhalts der innere Druck auf die harte Hirnhaut ein geringerer wird; und das geschieht durch Abnahme der Blut- und Säftemasse. Wo die Eltern in unverschuldetem Elend das Kind nicht genügend ernähren können, oder wo Liederlichkeit und Trunksucht herrschen und die Fürsorge für das junge Leben ihnen weicht, da wachsen diese mißgebildeten Verbrecher in erster Linie heran; wir zitieren weiter nach dem genannten Buch: „Bei der großen Mehrzahl der Verbrecher ist die Erinnerung an das Elternhaus oft tieftraurig und betrübend: Unfriede und Zwist zwischen den Eltern, Rohheit und gemeine Ausschweifung, Mißhandlung und Lieblosigkeit waren die Vorbilder, die sie gesehen. Gefangene dieser Art — und sie bilden einen großen Teil der Gefängnisinsassen — sind kalt und starr geblieben; ihnen fehlt diese reiche Quelle beglückender Gefühlsempfindungen, die erste Anregung, sich selbst zu vergessen und für andere zu leben." — Einen ungeheuren Zuwachs erhält das Verbrechertum durch Alkoholismus und Prostitution, zwei zehrende Gifte in jedem kranken Volkskörper, die in gleicher Weise das Verbrechen fördern; diese Thatsache ist zu bekannt, um noch ziffernmäßige Belege dafür zu liefern. — Wenden wir uns zu den einzelnen Verurteilungen.

Von je 100 Verurteilten werden nach Liszt 0,02 % mit dem

Tobe, 3,22% mit Zuchthaus, 64,65% mit Gefängnis und 30,58% mit Geldbuße bestraft, so daß Geldstrafe und Gefängnisstrafe zusammen etwa 95% aller Strafurteile ausmachen. Von je 100 zu Gefängnis Verurteilten wurden aber 80 zu Gefängnis bis zu drei Monaten und zwar davon auch noch mehr als $^3/_4$ (64,48% der Gesamtzahl) zu Gefängnis unter einem Monat verurteilt. Diese kurzzeitige Freiheitsstrafe ist also bei weitem überwiegend; sie trifft gemeinhin solche, die auf diese oder jene Weise ein Opfer der sozialen Verhältnisse geworden sind, und diejenigen, die zum ersten Male erlegen sind, kommen hier in eine gute Schule, in die Gesellschaft von Dirnen und Zuhältern, Landstreichern und Verbrechern, in Brutstätten des Lasters. Wenn demnach diese kurzzeitigen Freiheitsstrafen, die unsere gesamte Strafrechtspflege beherrschen, nicht nur nicht die Heilung des Bestraften bewirken, sondern ihm nur noch Gelegenheit zur Ansteckung schwerer moralischer Krankheiten in reichem Maße bieten, dann ist in der That, wie der mehrfach zitierte v. Liszt sagt, unsere ganze heutige Strafrechtspflege nichts wert. Sie trägt nichts dazu bei, der Krankheit auf den Grund zu gehen und zu heilen, wohl aber dient sie zu ihrer Verschlimmerung.

Noch auf einen Punkt müssen wir unser Augenmerk richten, auf die Art der Vergehen. Wir haben gesehen, daß mehr als die Hälfte aller Strafthaten sich aus reinen Eigentumsvergehen zusammensetzt, und ferner, daß diese Eigentumsvergehen zunehmen, sobald die wirtschaftliche Lage der untersten Klassen sich verschlimmert, sobald die Preise für die einfachsten Nahrungsmittel steigen; Hand in Hand mit ihnen geht ein Steigen der Verbrechen und Vergehen gegen das Leben sowie ganz besonders gegen die Sittlichkeit, auch die Zahl der Verbrechen und Vergehen gegen die öffentliche Ordnung und gegen die Person wächst beständig in Zeiten hochgradiger sozialer Spannungen.

Der kolossale Einfluß der wirtschaftlichen Verhältnisse auf die Bewegung der verschiedenen moralischen Erscheinungen, auf das sittliche Leben des Volkes, wird heute kaum mehr ernstlich bestritten. Nur in einem gesunden Volkskörper kann eine gesunde Volksseele wohnen; wo aber die wirtschaftliche und soziale Gesundheit fehlt, da ist eine physische Gesundheit unmöglich — und umgekehrt. Es ist hier nicht der Ort, noch einmal auf die wirtschaftlich-soziale Krankheit einzugehen und z. B. zu beleuchten, was es heißen will, wenn mehr als 90% der Bevölkerung ein Einkommen von 900 Mark nicht erreichen, wenn nur 1 v. H. ein Einkommen von mehr als 6000 Mark hat, dafür aber in den Händen von nur 0,016 v. H. der Bevölkerung 14,05 v. H. des gesamten steuerbaren Vermögens ruhen!

Das sind gesellschaftlich ungesunde Zustände, und sie machen eine physische Gesundheit weiter Volkskreise unmöglich. Großer physischer Mangel und sozialer Druck aber führen zu moralischem Mangel, körperliche Krankheit, zumal auf mangelhafter Ernährung beruhende, zu seelischer, zu Vergehen und Verbrechen. Wirtschaftliche, körperliche und sittliche, gesellschaftliche Volksgesundheit gehen Hand in Hand; um diese zu erreichen, muß man jene fördern, die hygienische Seite der sozialen Frage erkennen, und die wirtschaftliche Lage überall so weit zu heben trachten, daß die notwendigsten Bedingungen für ein gesundes Leben erfüllt werden. Noch giebt es unendlich viel zu thun für die Volksgesundheit — denken wir doch nur einmal an die **Wohnungsfrage!** Die körperliche, wirtschaftliche und gesellschaftliche Gesundheit leidet an allen Ecken und Enden. Und ohne auf diesem materiellen Gebiete Wandel zu schaffen, kann keine ideelle, sittliche Hebung erreicht werden. Die Vorkämpfer der modernen Kriminalpolitik erwarten nicht ein ideales, übermenschliches, fehlerloses Geschlecht nach jener Gesundung, wohl aber eine große Leerung der Irrenhäuser, wie der Trinkerheilanstalten, der Gefängnisse und Zuchthäuser, eine Übertragung der Volksgesundheit auch auf seelisches und sittliches Gebiet und den Sieg der gesunden und gesund machenden Arbeit.

3. Die Wohnungsfrage als Frage der sozialen Moral.

In anbetracht der großen Bedeutung, welche die Wohnungsverhältnisse — als ein wichtiger Teil des sozialen Milieus — auch für die uns hier beschäftigenden Fragen haben, darf es nicht unterlassen werden, an dieser Stelle einen kurzen Streifblick auf diese alle Sozialpolitiker lebhaft beschäftigende Frage zu werfen.

Das Wohnungselend ist eins der Grundübel, mit dem der Sozialpolitiker zu kämpfen hat; und es ist nicht nur ein besondres Leiden der Großstadt, sondern auch in kleineren Städten und auf dem Lande weit verbreitet. Die Großstadt zeitigt am stärksten das Schlafstellenunwesen. In Berlin gab es schon im Jahre 1890 gegen 100 000 Schlafstellenmieter. Rund 60 000 Haushaltungen hielten Schlafgänger, davon nur wenig über die Hälfte je eine Person, alle anderen mehr, von 2 bis zu 13! Die größte Zahl der Schlafgänger befindet sich obendrein, was für die sittliche Seite schwer ins Gewicht fällt, in Haushaltungen mit Kindern. Um das ganze Dunkel des Schlafstellenunwesens dem Leser zu vergegenwärtigen, genügt es wohl, an den berüchtigten Fall Heinze zu erinnern! — Das gesundheitlich und sittlich gleich schädliche enge Zusammenwohnen ist in erster Linie ja eine Folge der kolossalen Bodenteuerung in den Großstädten. Auf ein Haus kommen durchschnittlich in Lübeck 10, in Köln 15, in Nürnberg 18, in Frankfurt a./M. 20, in Hamburg, Magdeburg, Dresden 34—36, in Breslau 50, in Berlin aber 73 Einwohner; da hier aber der Gesamtdurchschnitt genommen ist, gestalten sich die Verhältnisse im einzelnen noch sehr viel ärger; in den am dichtesten bewohnten Teilen Berlins steigt die Behausungsziffer auf 175, 200 und noch mehr. In der Luisenstadt z. B. bergen 135 Grundstücke je über 200 Einwohner! Insgesamt sind von den etwa 410 000 Wohnungen, in denen die $1^{3}/_{4}$ Millionen Einwohner Berlins untergebracht sind, 330 000 Stück so klein, daß ihr Mietspreis trotz der hohen Berliner Preise 500 Mark nicht übersteigt! Ihnen stehen 356 Wohnungen gegenüber, deren jede jährlich über 30 000 Mark kostet. Eine deutlichere Illustration zu der Größe der sozialen Gegensätze in der Millionenstadt ist kaum denkbar.

Das furchtbare Wohnungselend der Großstadt zeitigt dieselben sittlichen Schäden, über die wir vielfach vom Lande unterrichtet werden. Vor einiger Zeit ist eine umfangreiche Erhebung über die geschlechtlich-sittlichen Verhältnisse der evangelischen Landbewohner im Deutschen Reiche angestellt — dieselben Klagen wie in der Großstadt, namentlich in sittlicher Hinsicht, während in der Großstadt gesundheitlich natürlich sehr viel mehr gesündigt wird. Unter den Ursachen sittlicher Notstände werden fast in allen Berichten in erster Linie die traurigen Wohnungsverhältnisse genannt. Da heißt es gleich aus Ostpreußen: „Bei dem Arbeiterstande schläft nicht nur die ganze Familie, Vater, Mutter, erwachsene und kleine Kinder, sondern oft auch noch, besonders im Winter, der Scharwerker (Hofgänger) in einer Stube. Ja es kommt vor, daß nicht nur zwei, sondern noch mehr Familien in einer Stube wohnen;" und an anderer Stelle: „Oft giebt es nur ein Bett für zwei bis drei Generationen!" Der Berichterstatter knüpft daran mit Recht die Frage: „Wohin soll die Sittlichkeit und Schamhaftigkeit unter solchen Umständen ihre Zuflucht nehmen?" Ähnliche Klagen wiederholen sich aus allen Teilen Ostdeutschlands. So wird z. B. aus Schleswig-Holstein, wo doch die sozialen Verhältnisse im allgemeinen recht günstig liegen, geschrieben: „Die meisten Arbeiter haben nur eine Stube, die Kinder müssen lange zusammen schlafen, sehr oft wohnt noch ein verheirateter Sohn oder Tochter in derselben Stube." Sind derartige Zustände auch nicht allgemein, so gewinnen wir doch den Eindruck, daß sie viel häufiger sind, als man anzunehmen geneigt ist, und es drängt sich uns die Überzeugung auf, daß das Zusammenschlafen so verschiedener Familienmitglieder und gar noch fremder Personen in einem Raum in der That oft eine Ursache der Entsittlichung der Jugend ist. Das Elternhaus ist die wichtigste Grundlage des gesamten sozialen Milieus — wenn hier aller Schutz der Moral fehlt, wo soll die sittliche Gesundheit dann bleiben?!

In erster Linie ist es das Zusammenwohnen, das nächtliche Hausen der verschiedenen Geschlechter durch verschiedene Generationen in einem einzigen engen Raum, das die Moral untergräbt; ganz abgesehen davon, daß die erwachsenen Bewohner aus diesen elenden Stätten in die Kneipe, auf die Straße geworfen werden, daß das trauliche Familienleben dort unbekannt sein muß. Am ärgsten ergeht es mit den Schlafgängern, die während der Feierstunden überhaupt kein Heim haben, ihre Schlafstätte nur während der Nacht betreten dürfen und sonst einfach auf dem Straßenpflaster oder unausgesetzt in der Kneipe liegen müssen. Alle diese, nur zu berechtigten Klagen sind ja genügend bekannt! Nichts gefährdet die körperliche und moralische Gesundheit ärger als das furchtbare Wohnungselend. An diesem Krebsschaden ist von allen einsichtigen Sozialpolitikern der letzten Zeit fortwährend gearbeitet worden, ohne daß in der Praxis irgend ein nennenswerter Schritt vorwärts gethan wäre. Lösungsversuche ohne Zahl sind in der Theorie geliefert — aber bei der Theorie ist es eben immer geblieben.

Es ist hier nicht der Ort, auf die Lösung dieser überaus schwierigen Frage einzugehen; es sollte nur angedeutet werden, wie eng die soziale Moral mit den Wohnungsverhältnissen verknüpft ist. Auf zwei Punkte aber muß besonders geachtet werden, wenn eine einigermaßen befriedigende Lösung gefunden werden soll. Da ist einmal eine strenge Bau- und Wohnungspolizei, die ein ungesundes und enges Wohnen nicht zuläßt, und dann als Hülfsmittel großen Stils, weit über die Wohnungsfrage hinausgreifend und zugleich die Agrarfrage nicht unwesentlich berührend, der Zug der Industrie aufs Land. Was hilft der ganz kurzsichtige, sentimentale Kampf gegen die Durchsetzung des Landes mit der Industrie gegenüber den gewaltigen Vorteilen, die ein solcher Umschwung bieten würde! Sicherlich kann nicht jede Industrie von den Stätten der Rohproduktion getrennt werden, aber viel, sehr viel könnte, anstatt in der Großstadt mit ihren enormen Bodenpreisen und ihrer teuren Lebenshaltung, weit billiger auf dem Lande fabriziert werden, wo der Grund und Boden für die Fabrikanlage und die Arbeiterwohnungen viel billiger ist und der Arbeiter, dessen Familie, anstatt in den dumpfen Fabrikräumen vielleicht in einer eigenen kleinen Landwirtschaft beschäftigt, viel besser und glücklicher leben könnte. Erschließung des Landes durch gute und billige Verkehrswege, Verlegung großer Industrieen auf das Land mit seinem billigen Boden, billigen Lebensmitteln, billigen Wohnungen und gesundem Leben besonders für die Familie des Fabrikarbeiters; der Industriearbeiter wird zum Kleinbauer, der landwirtschaftliche Tagelöhner zum Industriearbeiter, ohne die Scholle zu verlassen — die verschiedenen Interessen, die sich jetzt in Stadt und Land schroff gegenüberstehen, werden verknüpft — ein weiter, freundlicher Ausblick! Hier und da sind schon einige Anfänge mit gutem Erfolg gemacht. Leider können diese ganzen Gedanken und Pläne hier nur kurz gestreift werden.[1]) Ihre hohe Bedeutung für die Zukunft wird aber allmählich in immer weiteren Kreisen erkannt und gewürdigt; ihre Wichtigkeit auch für den Kampf gegen das Verbrechertum, für die Hebung der sozialen Moral dürfte nach dem oben Angedeuteten hinlänglich in die Augen springen.

Noch eine auf ähnlichem Gebiete liegende Frage kann hier nicht völlig übergangen werden. Wie die Wohnungsfrage, so entspringt auch sie aus dem Zwange der billigen Lebenshaltung. Ich meine den oft festgestellten, neuerdings hie und da geleugneten Einfluß der Getreidepreise auf die Kriminalität. Schon

---

[1]) Einiges Weitere in meiner demnächst im gleichen Verlage erscheinenden Schrift: „Die Völkerwanderung von 1900."

der bekannte Statistiker G. Mayr stellte fest, daß mit jedem Sechser, um den der Getreidepreis stieg, die Zahl der Diebstähle sich gleichmäßig vermehrte; Öttingen, Starke u. a. sind zu demselben Ergebnis gelangt. Eins steht ohne weiteres fest, daß nämlich die Verbrechen und Vergehen gegen das Vermögen beeinflußt sind von den Preisen der notwendigsten Lebensbedürfnisse; dahin gehören die Wohnungspreise — mit steigenden Wohnungspreisen ungeheure Einschränkung und all das oben angedeutete Elend als Grundlage sinkender Moral. Und nicht minder die Getreidepreise. Mit den Getreidepreisen steigt und fällt, teils in gleichem, teils in umgekehrtem Verhältnis die Zahl der Eheschließungen, der unehelichen Geburten, der Verbrechen. Wer das bestreiten will, muß die Augen einfach vor den unwiderleglichen Thatsachen verschließen.

Welche bedeutende Rolle die Getreidepreise — noch weit mehr freilich die den Getreidepreisen leider so sehr wenig angepaßten **Brotpreise!!** — im Arbeiterhaushalt spielen, das zeigen für den, der es noch nicht wissen sollte, aufs deutlichste wieder die „Arbeiter-Haushaltungsrechnungen aus Stadt und Land", die Max May[1]) kürzlich veröffentlicht hat. Selbst der böswilligste Politiker wird in jenem Buche nichts von tendenziöser Entstellung und Schwarzfärberei finden; im Gegenteil sind die dort geschilderten Verhältnisse im allgemeinen noch recht günstig; die 20 mit größter Sorgfalt aufgestellten Rechnungen stammen aus Haushalten, deren Einnahme bis über 2000 Mark steigt; aus Wirtschaften, in denen das krasseste Elend herrscht, sind Haushaltungsrechnungen bisher überhaupt nicht zu erlangen gewesen! Und doch finden wir schon unter jenen 20 Rechnungen 10, in denen die Ausgaben für Brot höher oder doch fast ebenso hoch sind wie die für Fleisch, **12**, in denen diese Brotausgaben 10% des ganzen Einkommens übersteigen, und in einigen verschlingt das Brot gar mehr als $1/6$ der Einnahmen; u. a. beachte man nur folgende Zahlen aus einzelnen Rechnungen:

	1.	2.	3.	4.	5.
Jahreseinkommen:	958	1169	1097	1131	741
Aufwand für Brot:	136	215	122	208	114
„ „ Fleisch u. Fleischprodukte:	121	125	141	189	124
„ „ Wohnung:	140	168	108	40	40

[1]) Wie der Arbeiter lebt. Berlin 1897.

u. f. f. Solche und ähnliche Zahlen thun doch wahrlich deutlich genug die Bedeutung der Brotpreise für den Haushalt des Arbeiters dar; nun haben wir hier noch garnicht den sonstigen Mehlbedarf, auch nicht die ärmlichsten Haushalte berücksichtigt. Finden wir bei immerhin noch leidlich gestellten Familien schon einen Aufwand von einem Sechstel des Einkommens für Brot, so können wir wohl sicher sein, daß bei den Ärmsten nicht selten für Brot und andere Getreideprodukte zusammen ein Viertel des Einkommens — wenn nicht bisweilen noch mehr — aufgewandt werden muß!! Was Wunder, daß die Getreide- und Brotpreise von außerordentlichem Einfluß auf die Kriminalität sind. Die unbegründete Anzweiflung dieser altbekannten Thatsache zwang zu diesen Betrachtungen, die aufs neue bestätigen mußten, daß das Verbrechertum ungemein eng verknüpft ist mit dem Preise der notwendigsten Lebensbedürfnisse, mit Wohnungselend, Brot- und Getreidepreisen, mit der ganzen Lage der Volkswirtschaft, mit den sozial-ökonomischen Verhältnissen in ihrer Gesamtheit.

II.
Historische Wandlungen der sozialen Moral.
1. Umwertungen der moralischen Werte.

Verhältnisse, deren Veränderungen wir selbst nicht erleben, halten wir nur zu gern für etwas Ewiges. Was ein Menschenalter überbauert, muß auch Jahrhunderte und Jahrtausende überbauern. So hält der naive Mensch die Erdoberfläche gern für unveränderlich und denkt nicht an die gewaltigen Umformungen, die sie durchgemacht hat; so sind ihm ganz besonders die idealen Güter etwas schlechtweg Ewiges. Mit ewigen Gesetzen, ewiger Moral sind wir immer gleich gewappnet.

Als ob nicht auch die moralischen Werte in beständigem Fluß, als ob nicht auch Sitte und Gesetz fortwährend tiefgreifenden Änderungen unterworfen wären! Freilich, die Wandlungen vollziehen sich oft langsam, sehr langsam, für das einzelne Geschlecht unmerkbar — dann aber auch wieder in großen, gewaltigen Revolutionen.

Andere Zeiten andere Sitten. Was einst als höchste Tugend gepriesen — nach Jahrhunderten kann es ein todeswürdiges Verbrechen sein. Ja, zu derselben Zeit kann dieselbe That, unter verschiedenen Umständen begangen, einmal als Verbrechen, das andere Mal als äußerst tugendhaft und verdienstvoll gelten. Sollte das Christentum nicht unter allen Umständen die Tötung des Nächsten verdammen? Und doch kann auch im christlichsten Staat das Gesetz den Soldaten, der den Feind erschießt, nicht zum Verbrecher stempeln. — Um sich die Wandlungen der so oft für ewig gehaltenen moralischen Werte zu vergegenwärtigen, genügt es, sich einen Augenblick der Gesetze alter Zeiten zu erinnern. Wie wenig

enthalten unsere heutigen Strafgesetzbücher etwa von den Kapital=
verbrechen der alten Hebräer, wie Götzendienst, Molochopfer, Magie,
Geisterbeschwörung, Entheiligung des Sabbats, Ungehorsam gegen
die Eltern u. a., die mit Steinigung bestraft wurden, oder Wahr=
sagung im Namen fremder Götter, falscher Wahrsagung, Schmähung
der Vorfahren, Sodomie u. s. w., die mit dem Feuertode geahndet
wurden. Der größte Teil der schwersten Verbrechen jener alten
Zeit ist heute überhaupt dem Strafrichter unbekannt, und soweit
sie auch heute noch verfolgt werden, ist ihre Stellung durchweg
untergeordnet. Und wo bleiben gar die ewigen Moralgesetze gegen=
über den alten Egyptern, bei denen es das größte Verbrechen war,
eine Katze zu töten! — In Sparta war bekanntlich der Kinder=
mord nicht nur kein Verbrechen, sondern unter Umständen sogar
geboten. In Athen waren die Seeräuber straflos; in Egypten,
Persien und bei den Inkas zählte die Blutschande nicht zu den
strafbaren Handlungen. Nirgends war der Mord ein Verbrechen,
wenn er „in majorem Dei gloriam" geübt wurde. Und einen
Greis totzuschlagen — was dieser oft selbst forderte — war ledig=
lich ein Werk menschlichen Erbarmens. — Soll man die algerischen
Araber Verbrecher nennen, die, der Sitte gehorchend, an eine viel
zu junge Gattin gekettet, den Ehebruch zur Regel erheben? — An
erster Stelle aber stehen immer die Massenmorde aus religiösen
Motiven, die Menschenopfer, die, weit entfernt von einer Brand=
markung als scheußliche Verbrechen, als heilige Handlung gefeiert
wurden.[1])

Darf man nun sagen, daß die alten Völker einen sinnlosen
Irrtum begingen, indem sie Thaten verherrlichten, die heute als
Verbrechen bestraft werden, und als Verbrechen hart bestraften, was
heute straflos ist? — Nun, wir bestrafen heute, was unserer
Gesellschaft, unserer sozialen und staatlichen Organisation gefährlich
und verderblich ist. Und auch bei den alten Völkern entsprach das
Strafrecht der sozialen Organisation. — In Egypten traf eine harte
Buße den Handwerker, der sich mit den öffentlichen Angelegenheiten
beschäftigte; heute hören wir hier und da schon die Forderung des

---

[1]) Im Einzelnen vergl. Kocher, Lyall, Taylor u. a., zitiert nach
Tarde: „La criminalité comparée." Auf weitere Beispiele einzugehen,
verbietet der Raum; wer sich näher mit diesen Fragen beschäftigen will, der
lese besonders die glänzenden Ausführungen Macaulay's in seinem Auf=
satz Machiavelli (deutsch von Möllenhoff, Reclam's Univers.=Bibl. Nr. 1183).

Wahlzwanges, d. h. der Bestrafung dessen, der sich der Politik entzieht. Was das Staatsinteresse fordert, ist Pflicht, was es fördert, ist Tugend, was ihm schadet, ist Verbrechen. Die Tugendlehre ist im Laufe der Geschichte nicht weniger durchgreifend umgewandelt, als das System der Verbrechen und Strafen.

Besonders die verhältnismäßige Schwere der einzelnen Verbrechen wird zu den verschiedenen Zeiten sehr verschieden veranschlagt. Das schwerste Verbrechen war im Mittelalter das Sacrilegium, später die Rohheitsverbrechen und erst nach langer Zeit der Mord und das Eigentumsverbrechen. Einst war es die größte Schandthat, seine Eltern unbeerdigt zu lassen. Und in Zukunft? Tarde sagt: Die Faulheit neigt dazu, in unserer sozialen Organisation der Arbeit das schwerste Vergehen zu werden, während ehemals die Arbeit schändete. Vielleicht kommt einmal der Augenblick, da es auf einer überfüllten Erde das Kapitalverbrechen ist, eine zahlreiche Familie zu haben, während ehemals die Kinderlosigkeit eine Schmach war. Niemand von uns kann sich schmeicheln, daß er nicht für irgend eine gegenwärtige, vergangene, zukünftige oder doch mögliche gesellschaftliche Organisation als „geborener Verbrecher" zu betrachten wäre. Du hast litterarische Neigungen, machst Verse? Vorgesehen — Verse schreiben wird zu einer atavistischen Erscheinung, einem an der Gesellschaft begangener Diebstahl an deiner Arbeitszeit.

Man wird einwenden, daß es trotz alledem Instinkte giebt, angeborene Neigungen, die in allen denkbaren sozialen Organisationen als schädlich, antisozial, verbrecherisch angesehen werden würden. — Zugegeben, daß gewisse Handlungen zu allen Zeiten als verbrecherisch galten, insbesondere die Tötung eines Mitgliedes der sozialen Gruppe, welcher man selbst angehört — aber auch hier sind genug der Ausnahmen zu verzeichnen, wie allein das Beispiel der spartanischen Kinderaussetzung darthut, von anderen Menschenopfern ganz zu schweigen. Wenn also selbst dieser erste Grundsatz durchaus nicht bedingungslos aufrecht zu erhalten ist, wo will man dann einen Typus finden, der zu allen Zeiten und in allen möglichen sozialen Organisationen als verbrecherisch anzusehen wäre — ein wirkliches und unwiderlegliches Beispiel eines ewigen, ehernen Moralgesetzes?!

An einen anderen Platz, in eine andere Zeit, eine andere

soziale Organisation versetzt, kann jeder Held zum Verbrecher, jeder Verbrecher zum Tugendhelden werden. Und wollten wir von absoluten Werten ausgehen — wir könnten in diesem Sinne überhaupt nicht von einem Verbrechen reden, sondern nur mit relativen Maßen messen, d. h. die für eine ganz bestimmte soziale Organisation antisoziale Handlung als Verbrechen bezeichnen. Nicht die That an sich macht das Verbrechen, sondern erst die öffentliche Meinung und die Gesetzgebung ihrer Zeit drückt der That diesen Stempel auf.

Es wäre verkehrt, auf Grund dieser Thatsache der Gesellschaft das Recht und die Pflicht abzusprechen, sich gegen den Verbrecher zu schützen. Was hilft es der Gesellschaft, daß eine bestimmte That in einer anderen Organisation kein Verbrechen wäre? Für die Organisation, in welcher der Verbrecher selbst lebt, ist die Handlung antisozial, und das allein kann natürlich ausschlaggebend sein. In welcher Weise gegen das Verbrechen vorzugehen ist, ist eine andere Frage; hier gilt es in erster Linie, zu entscheiden, ob die antisoziale Handlung einem freien Willen und freier Überlegung entsprungen ist; in diesem Falle, wenn der Thäter also für das Verbrechen verantwortlich gemacht werden kann, wird die Gesellschaft sich nicht nur gegen weitere antisoziale Handlungen des Thäters schützen, sie wird auch die entsprechende Reaktion eintreten lassen und sich an dem Thäter durch Auferlegung einer Buße rächen. Im anderen Falle, wenn die Handlung nicht bewußt und gewollt antisozial war, kann sie nur Abwehrmaßregeln für die Zukunft treffen.

Wie einerseits zu verschiedenen Zeiten dieselbe Handlung bald als tugendhaft, bald als verbrecherisch, bald als sozial nützlich, bald als antisozial betrachtet werden kann, so kann anderseits der Hang zum Verbrechen, der antisoziale Trieb, sich innerhalb derselben gesellschaftlichen Organisation auf sehr verschiedene Weise äußern. Während es von dem sozialen Milieu abhängt, ob eine begangene That als Verbrechen gilt, beeinflußt das soziale Milieu seinerseits den Thäter und die Art der Äußerung seines antisozialen Triebes. Auch Lombroso, nach dessen Lehre der Verbrecher durch Geburt zum Verbrechen prädestiniert ist, räumt wenigstens der Erziehung einen beträchtlichen Einfluß ein. Sehr viel weiter gehen die neueren Kriminologen. Auch der angeborene Hang zum Verbrechen kann infolge äußerer Einflüsse latent bleiben oder sich in anderer Form äußern. Besonders bei Angehörigen der oberen Klassen können, wie Ferri sagt, die verbrecherischen Neigungen durch das Milieu (Reichtum, Macht, größeren Einfluß der öffentlichen Meinung u. s. w.) unterdrückt werden. Die verbrecherischen Neigungen verbergen sich unter verschleierten Formen, die dem Strafgesetzbuch ausweichen. Anstatt ein Opfer zu töten, schickt man es in totbringende Unternehmungen, anstatt es zu bestehlen, rupft man es im Spiel, an der Börse u. s. f. Allmählich, wenn derartige Umgehungen der Gesetze mehr und mehr gewerbsmäßig betrieben, wenn die außerhalb des Gesetzes stehenden Verbrechen immer zahlreicher werden — nulla poena sine lege — dann sieht die Gesellschaft sich wieder gezwungen, auch gegen diese antisozialen Handlungen vorzugehen, neue Gesetze zu schaffen, die „ewige" Moral aufs neue umzuformen. Und dann kommen wieder neue Um- und Abwege, neue Bedürfnisse und neue Störungen der sozialen Organisation, u. s. f., „mit Grazie in infinitum!"

Die absoluten, ewigen moralischen Werte zerfließen in Nichts, sobald man ihnen nur entschieden auf den Grund geht, die „res publica" bestimmt die Moral, jede soziale Organisation schreibt sich ihr eigenes Sittengesetz.

2. Umwertungen des Schuldbegriffes.

In den letzten Jahrzehnten hat — das wird heute niemand mehr leugnen — wiederum eine große Umwertung der moralischen Werte teils sich vollzogen, teils begonnen. Die alten Formeln sind ausgeschaltet, den alten Worten ist ein neuer Begriff gegeben. Das Ringen nach psychologischer Erkenntnis hat zu großen Revolutionen im Reiche der moralischen Wertungen geführt.

Wie der naive Mensch schwarz und weiß als zwei absolut entgegengesetzte Grundfarben auffaßt, während der Gelehrte sie lediglich als Lichterscheinungen betrachtet, nicht als etwas Selbstständiges, an sich Seiendes, sondern erzeugt von der Menge oder dem Mangel des Lichtes, durch alle Stufen des Grau ineinander übergehend, so zerstört der Ethiker dem naiven Menschen heute die festen, absolut entgegengesetzten Grundbegriffe gut und böse und läßt sie gleichfalls von außen her, durch fremde Ursachen gebildet werden und sich mannigfach gegen einander verschieben.

Es ist wohl zu beachten, daß die neuere, bewußte Umwertung

der moralischen Werte der Hauptsache nach nicht in der grauen Theorie, in der philosophischen Spekulation, ihre Grundlage hat — unmittelbar aus der Praxis ist sie geboren; der Anstoß zu der großen Umwandlung kam von Ärzten, eine Thatsache, die an sich schon genügen könnte, um zu bezeugen, wie sehr die seelische Gesundheit von der körperlichen abhängig ist. Ärzte sind es gewesen, die zuerst die Wurzel der moralischen Krankheit auf neuer Grundlage untersucht haben, und so weit ihre Einseitigkeiten von der neueren Forschung auch überholt sind, an ihr Wirken knüpft doch die ganze tiefgreifende Umgestaltung der Verbrecherlehre, der Lehre von der moralischen Krankheit, an.

Der Turiner Gefängnisarzt Lombroso war es, der den größten Umsturz in der Welt der moralischen Werte verursachte; seine Lehre vom geborenen Verbrecher, zu der er durch die große Zahl sorgfältiger Untersuchungen in seiner Praxis geführt war, lenkte die Wissenschaft in neue Bahnen, rollte ihr neue Probleme und Ziele auf, und wenn die heutige Forschung auch weit über ihn hinausgegangen ist in ein neues Land, so hat er doch die Brücke geschlagen, die hinüberführt.

Die Grundlage dieser psychopathologischen Forschungen ist die Idee der „Moral Insanity", der Erklärung einer großen Zahl von Verbrechen nicht durch den freien Willen, sondern durch krankhafte Entartung, der Abhängigkeit der „moralischen Krankheit" von der organischen.

Vorzüglich war es die Ähnlichkeit zwischen Geisteskranken und Gewohnheitsverbrechern, welche die Theorien der Irren- und Gerichtsärzte lenkte, und auf diesem Gebiete liegt auch die Hauptthätigkeit Cesare Lombroso's dessen im Jahre 1876 erschienenes Werk „L'Huomo delinquente" zum Katechismus einer ganzen, besonders in Italien und Deutschland weit verbreiteten Schule wurde. Umfassende Kenntnisse und eine außerordentliche Fülle sorgfältiger Beobachtungen aus der Praxis geben dem Werke einen hohen Wert, und es ist kein Wunder, daß die große Einseitigkeit der darin entwickelten Lehre lange Zeit vollständig übersehen wurde. Lombroso selbst hält mit aller Zähigkeit an ihr fest, während unter seinen Schülern hie und da auch die neuesten Umwandlungen mitgemacht werden. Der Hauptsatz von Lombroso's Lehre ist bekanntlich, daß der Gewohnheitsverbrecher in der Regel ein geborener Verbrecher ist, auf Grund angeborener körperlich bedingter Abnormität und Eigenart unbewußt und widerstandslos auf die Bahn des Verbrechens getrieben wird.

Es ist wohl zu beachten, daß mit diesem Satze nur der Gewohnheitsverbrecher charakterisiert wird, den Lombroso danach als geborenen Verbrecher bezeichnet. Der geborene Verbrecher ist ein entartetes Individuum, erblich belastet, häufig infolge von Trunksucht der Eltern. Nach Lombroso ist der geborene Verbrecher von sehr geringer geistiger Begabung, die höchstens ganz einseitig ausgebildet ist; auch der geriebenste Verbrecher ist nur in einem Zweige seines Handwerks zu Hause. Im übrigen ist er stumpfsinnig und roh. Mit grenzenlosem Egoismus verbindet sich bei ihm gleichwohl ein Mangel des gesunden Selbsterhaltungstriebes. Die Degeneration des geborenen Verbrechers spricht sich nach Lombroso's zahllosen Untersuchungen im allgemeinen in Schädelanomalien aus, äußerlich besonders kenntlich an der Form der Stirn und der Ohren, auch der Nase und der Backenknochen. „Moral Insanity" ist sein angeborenes Leiden.

Zu denjenigen Schülern Lombroso's, welche seine Lehre in Deutschland am entschiedensten verfechten, gehört Kurella, der uns auch mit vielen bedeutenden Werken der fremdsprachigen Litteratur aus dem Gebiete der Kriminalwissenschaft bekannt gemacht hat; in Italien war es Enrico Ferri; allein Ferri ist sozialistischer Politiker und Abgeordneter, und als solcher ist er allmählich der neuen Schule näher getreten, die vor allen Dingen den sozialen Faktor betont und die Einwirkung des „sozialen Milieus" auf die Entstehung des Verbrechens zum Gegenstande ihrer Untersuchungen gemacht hat. Zuerst wurde die Bedeutung des sozialen Elements Lombroso gegenüber von dem Wiener Benedikt betont, und schnell gewannen diese neuen Ideen in Deutschland Boden. Ihr größter und eifrigster Verfechter ist der bekannte Strafrechtslehrer Professor Franz von Liszt in Halle (geb. 1851), der es glücklich vermeidet, gegenüber der einseitigen Betonung der angeborenen Moral Insanity seinerseits ebenso einseitig die ausschließliche Bedeutung des sozialen Milieus zu betonen, sondern vielmehr, frei von Schematismus und Formeln, das Zusammenwirken einer großen Reihe verschiedener Faktoren, der individuellen sowohl wie der sozialen, anerkennt.

Vorbereitet war das neue System durch sorgfältige Arbeiten, wie die des Professors Alexander von Oettingen, der in seiner

„Moralstatistik" ein großes Material gesammelt und an der Hand desselben die Einwirkung der wirtschaftlichen und sozialen Verhältnisse auf das Verbrechertum eines Zeitabschnittes nachgewiesen hatte; auch der Brüsseler Astronom und Statistiker Quételet hatte eine Menge statistischen Materials gesammelt.

Machte Lombroso's Umwertung des Schuldbegriffes den Verbrecher zu einem für seine That nicht verantwortlichen Geisteskranken, so macht v. Liszt die ganze Gesellschaft mitverantwortlich für den Einzelnen; ist Lombroso's Heilmittel lediglich die Irrenanstalt, so stellt v. Liszt die soziale Reform in den Vordergrund. Noch stärker als er betonen den wirtschaftlichen und sozialen Faktor Schriftsteller wie Baer, Starke, G. Mayr u. a. Auch die statistischen Untersuchungen, die Paul Strauß in Frankreich angestellt hat, verdienen hier genannt zu werden. Wie sehr sich auch der aus Lombroso's Schule hervorgegangene, oben schon genannte E. Ferri der Ansicht dieser Kriminalsoziologen genähert hat, ist schon von Baer dargelegt, welcher schreibt: „Wenn Ferri in neuerer Zeit die Ansicht vertritt, daß der Verbrecher das Resultat dreier Faktoren ist, welche zu gleicher Zeit wirken, daß diese drei Ursachen individueller, d. h. anthropologischer, somatischer und sozialer Natur, so werden nach unserem Dafürhalten diese drei Ursachen thatsächlich zu einer einzigen, wenn man, wie er selbst andeutet, in Erwägung zieht, daß die beiden ersten Ursachen von den sozialen Bedingungen abhängen."

In der That ist in den heutigen Forschungen und Theorien das soziologische Element immer mehr über das anthropologische gestellt und der Begriff des geborenen Verbrechers von der Mehrzahl der Gelehrten fallen gelassen. Selbst wo von einer angeborenen „Moral Insanity" gesprochen werden kann, ist diese wieder zurückzuführen auf überwiegend soziale Faktoren, unter deren Einfluß die Erzeuger standen, und die sozialen Faktoren müssen im allgemeinen erst in Wirksamkeit treten, um den Degenerierten gerade zum Verbrecher zu machen.

Heute ist Lombroso's Konstruktion einer besonderen Verbrecherrasse, eines von Geburt entarteten Teiles der Menschheit der zum Verbrechen absolut vorherbestimmt ist, durchaus nicht mehr aufrecht zu erhalten. Es trifft nicht zu, daß angeborene oder erworbene geistige Entartung stets zum Verbrechen führen muß, wenn sie auch häufig dazu führt. Jedenfalls steht die Bedeutung des

„Milieu social" in der Kriminalpsychologie an erster Stelle, und das Hauptgewicht der Forschung wird daher auf der Kriminalsoziologie zu ruhen haben, ohne die manigfachen anderen Faktoren, besonders individueller Natur, außer acht zu lassen. — — —

3. Umwertungen der Sühne.

Die moralischen Werte sind nichts festes, unveränderliches. „Jede Kulturstufe", sagt Rée („Entstehung des Gewissens"), „stempelt zu Tugenden die Eigenschaften, zu Pflichten die Handlungen, deren sie bedarf". Und wie der Begriff des Verbrechens selbst sich ändert, so wandelt sich auch der Begriff der Schuld. Während bisher alle Schuld einzig und allein dem Verbrecher selbst beigemessen wurde, machte die Theorie Lombroso's ihn frei von aller Schuld und aller Verantwortung, da sie den freien Willen des Verbrechers leugnete und das Verbrechen als sein unabwendbares Schicksal darstellte; und die neueste Schule stellt neben den Verbrecher als mitschuldig und mitverantwortlich die ganze Gesellschaft, die sozialen Einrichtungen. Es ist selbstverständlich, daß derartige tiefgreifende Umwertungen auch eine völlige Umgestaltung der Sühne, eine Umgestaltung des Strafrechtes verursachen müssen. Lombroso setzt den Strafrichter ab und setzt an seine Stelle den Irrenarzt; Liszt dagegen setzt einen neuen Strafrichter ein, dem er den Arzt und den sozialen Gesetzgeber bei-, beziehungsweise überordnet. — —

Auge um Auge, Zahn um Zahn; das ist die Weisheit, das Recht und Gesetz, die Moral der alten Zeit. Und nicht allein Auge um Auge. Das Kind giebt nicht nur dem Spielgefährten, der es geschlagen hat, den Schlag zurück, es schlägt auch die Tischkante, an der es sich gestoßen hat. Und wie das Kind, so handelt der naive Mensch auf früher Kulturstufe; auch er fragt nicht nach Schuld oder Verantwortlichkeit, sondern straft erlittene Unbill unmittelbar am Gegenstande seines Ärgernisses, sei es ein bewußt oder unbewußt, frei oder gezwungen handelnder Mensch oder gar ein lebloses Wesen, ein toter Gegenstand. Man denke nur an Xerxes, der die ungehorsamen Wogen peitschen läßt.

Ein ganz enormer, aber erst außerordentlich langsam gemachter Fortschritt ist die allmähliche Erkenntnis der Schuld und Verantwortlichkeit, die Unterscheidung zwischen „dolus" und „culpa", die Anerkennung der Notwehr, des Notstandes, schließlich der Unzurechnungsfähigkeit. Und immer weiter ist die Wissenschaft gerade nach dieser Seite bis in die allerneueste Zeit hinein vorgedrungen, bis in der Schule Lombroso's der Begriff der persönlichen Schuld ganz unterzugehen und die Unzurechnungsfähigkeit allein übrig zu bleiben drohte.

Am konsequentesten sind die beiden alten Systeme; einmal der Grundsatz „Auge um Auge", und dann die Blutgesetze, deren Sinn die absolute Unschädlichmachung, die Ausrottung derjenigen Volksteile ist, die das Ganze bedrohen und schädigen. Hier ist der letzte — und in der That ja zeitweise gezogene — Schluß, daß jeder Verbrecher, unabhängig von der Größe seiner Schuld, getötet wird; nahezu gleichwertig damit ist die Verbannung, wenigstens die lebenslängliche. — Allein auf die Dauer ist die Gesellschaft nicht im stande, sich aller Individuen, die sich einmal gegen sie vergangen haben, einfach zu entledigen. Mit Recht sagt Jhering, daß „die Gesellschaft, welche ohne bringendste Nötigung das Leben oder die Arbeitszeit der Ihrigen dem Strafzweck opfert, ebenso gegen ihr eigenes Interesse handelt, wie der Herr, welcher sein Tier zum Krüppel schlägt." Indessen, für das subjektive Verschulden des Einzelnen gegenüber der Gesellschaft fordert die Gesellschaft eine Sühne; je kostbarer nun die Arbeitskraft des Einzelnen für die Gesamtheit wird, um so mehr wird man bestrebt sein, dieselbe zu schonen und als Sühne etwa eine Vermögensstrafe zu verhängen, während auf früherer Kulturstufe die Gesellschaft sich für die erlittene Unbill mehr dadurch rächen wird, daß sie dem Schuldigen ihrerseits körperliche Unbill zufügt und sich an seinen Schmerzen ergötzt.

Mehr und mehr verliert die Strafe den Charakter der eigentlichen Sühne. Mit höherer geistiger Entwickelung sieht der Mensch in dem Verbrechen nicht mehr allein den ihm zugefügten Schaden, der wieder gut gemacht werden muß, sondern besonders auch die Person des Verbrechers, den sittlichen und geistigen Mangel dieser Persönlichkeit; es beginnt damit gewissermaßen ein System der moralischen Hygiene; das Verbrechen soll nicht so sehr bestraft, wie verhindert werden. Der Einzelne erleidet die Strafe weniger um seiner Schuld willen als zum Zwecke der Abschreckung, welche andere vom Verbrechen abhalten soll. Der Verbrecher selbst soll ferner weniger für seine Schuld bestraft, als in erster Linie durch Erziehung von der Bahn des Verbrechens für die Zukunft abgebracht werden. — Kurz, die Abschreckungs- und Besserungs-Theorien treten die Herrschaft an. —

Das älteste Zugeständnis an die äußeren Einwirkungen im alten Strafrecht ist die Anerkennung der Notwehr und des Notstandes. Geradezu als Übergangsstufe vom alten Recht zu jenen Einrichtungen, die aus den neuen Theorien der Verbrecherlehre folgen müssen, bildet die Zuerkennung mildernder Umstände; je nach der Fassung und Ausdehnung derselben läßt sich die Möglichkeit erkennen, dem „sozialen Milieu" eine weittragende Bedeutung zuzubilligen und dieselbe im Strafrecht zur Geltung zu bringen.

Eine frühe Stufe dieses Überganges bildet auch die Unterscheidung zwischen vorsätzlichen und fahrlässigen Vergehen, die gleichfalls den äußeren Einwirkungen Rechnung trägt. So lange man in dem Verbrecher ein Individuum erblickte, das sich aus freiem Willen an der Gesellschaft versündigt, war es selbstverständlich, daß die Gesellschaft von einem solchen gefährlichen Subjekt befreit wurde; das geschah am radikalsten und folgerichtigsten durch die Tödtung des Verbrechers, während die späteren Einrichtungen zum Teil geradezu widersinnig sind; denn eine Geldstrafe hält den Verbrecher gar nicht von der Gesellschaft, der er Schaden zufügt, fern, und eine kurze Freiheitsstrafe thut dies zwar für kurze Zeit, aber nur zu oft mit negativem Erfolge, da der Verbrecher durch sie nicht gebessert wird, vielmehr das Gefängnis oft als viel gefährlicherer Patron verläßt. Alle Theorien der Abschreckung, Besserung u. s. w. können an dieser Thatsache nichts ändern.

Während nun auf der einen Seite an die Stelle der Sühne für das Verbrechen die Erziehung zur Bewahrung vor neuen Verbrechen tritt, wird auf der andren Seite an dem System der mildernden Umstände, an der „Entschuldigung" des Verbrechers — im wahrsten Sinne des Wortes — weiter gearbeitet und endlich eine Theorie der absoluten Entschuldigung der Persönlichkeit konstruiert. Das individuelle Verschulden, für welches der Verbrecher verantwortlich ist, wird durch eine „moral insanity" ersetzt, für die es keine persönliche Verantwortlichkeit giebt, der „geborene Verbrecher" tritt in die Erscheinung. — Mit dem Ausscheiden der individuellen Schuld kann natürlich auch von einer Sühne nicht die Rede sein. Die „moral insanity", der „Huomo delinquente" gehören einfach ins Irrenhaus. Hatte der rechtsphilosophische Theoretiker künstlich das System der Abschreckungs-, Besserungs- und ähnlicher Theorien aufgebaut, so setzte der praktische Arzt, von James Cowles Prichard, dem Erfinder der „Moral insanity", über den geistvollen Morel, der die „Dégénérescence de la race humaine" verkündete, bis zu Lombroso, der den „Delinquente nato" den geborenen Verbrecher konstruierte, an die Stelle der Straf- und Besserungsanstalten das Irrenhaus. So war das subjektive Verschulden, die Verantwortlichkeit, und damit die Sühne theoretisch aus der Welt geschafft.

Allein noch hatte die große Lombroso'sche Schule nicht Zeit gehabt, die letzten Konsequenzen ihrer Lehre zu ziehen, und schon tauchte die neue, äußerst fruchtbare Lehre auf. War der Schuld des Einzelnen gegen Alle die Konstruktion einer völligen Entschuldigung des Einzelnen (als durch Geburt zum Verbrecher prädestiniert) gefolgt, so wurde nun eine Schuld Aller gegen Alle verkündet, dem sozialen Geiste der Zeit entsprechend eine soziale Schuld.

Es ist klar, daß die sozialen Mißstände einer Zeit, denen die Schuld an den Verbrechen zur Last gelegt wird, nicht an der einzelnen Persönlichkeit bestraft werden können; die soziale Schuld schließt die Strafe aus und fordert die soziale Reform — wenn man will, den „Umsturz".

War die italienische Schule Lombroso's in der ausschließlichen Hervorkehrung des biologischen Faktors in eine absolute Einseitigkeit verfallen, so erging es der neuen sozialistischen Schule nicht anders mit der alleinigen Anerkennung des soziologischen Elements. Hie Irrenhaus — hie Zukunftsstaat! — Eine glänzende Vermittelung haben die feindlichen Systeme nun in den Theorien derer um Liszt gefunden. Weit entfernt, ein wässeriges Kompromiß zu bilden, enthält die Lehre dieser Männer Stücke sowohl aus der Abschreckungs- und Besserungstheorie, als aus der Lehre von der „Moral insanity" und dem „Delinque nato" und, last not least, aus der soziologischen Theorie. Das Heilmittel, das diese neueste Schule anpreist, heißt nicht: Strafanstalt, oder Irrenanstalt, oder Umsturz — sondern Erziehungs- bezw. Strafanstalt und Irrenanstalt und soziale Reform zusammen, jedes an seiner Stelle. Ein wesentlicher Teil der Schuld ist den sozialen Verhältnissen und Mißständen aufs Konto geschrieben, daher hat für diesen Teil an die Stelle der Strafe die soziale Reform zu treten.

Daneben aber bleibt das individuelle Verschulden und die individuelle Verantwortlichkeit bestehen, daher auch die Strafe für begangene Verbrechen und die Erziehung zur Verhütung weiterer Verbrechen. Auch die „moral insanity" wird in gewissem Grade — begründet durch die sozialen Mißstände — anerkannt, und daher ist auch dem Irrenhaus seine Stelle in dem System angewiesen.

Hätte Lombroso's Lehre gesiegt, so wäre jede Verantwortung von dem Verbrecher genommen, er wäre als Irrer zu behandeln und demgemäß an Stelle der Strafanstalt in eine Irrenanstalt zu stecken. Wäre dagegen die entgegengesetzt einseitige Richtung, welche alle Schuld allein dem sozialen Milieu zuschieben will, im Recht, so wäre der Verbrecher gleichfalls ohne Verantwortung, und es gäbe für ihm überhaupt keine Strafe oder dergleichen, er müßte nur sozial besser gestellt werden — ja, die Gesellschaft hätte ihm Buße zu leisten. Es ist schwer, den Gedanken und seine Folgen ernsthaft auszudenken! Finden endlich beide Faktoren, die individuellen und die sozialen, die richtige Würdigung, so wird das System äußerst kompliziert. Einmal steht zunächst fest, daß dann zur Verminderung der Verbrechen auf die Schaffung eines möglichst günstigen sozialen Milieu hinzuarbeiten ist, daß also der Gesetzgeber mit sozialen Reformen dem Strafrichter vorarbeiten muß. Der Strafrichter selbst bleibt in Thätigkeit für jene Verbrechen, denen ein individuelles Verschulden zugrunde liegt; die einzelnen Verbrecher würden je nach ihrer Eigenart dem Arzte, insbesondere dem Irrenarzt auszuliefern sein, oder für die Gesellschaft, die sie bedrohen, dauernd unschädlich gemacht werden, indem man sie in Anstalten unterbringt, die zwischen dem Gefängnis und dem Asyl stehen. Die Strafe wird teils zur Erziehung, teils zur Kur, teils zur pädagogischen, teils zur ärztlichen Behandlung.

Schon auf dem zweiten internationalen Kongreß für Kriminal-Anthropologie, der im August 1889 in Paris abgehalten wurde, war die Verbindung im wesentlichen ausgesprochen, die zwischen den anthropologischen und den soziologischen Faktoren zu beobachten ist, und das Verbrechen nicht mehr als Folge einer einzigen isolierten Ursache, sondern als Resultat verschiedenartiger physischer, moralischer und sozialer Momente, die teils als prädisponierend, teils als Gelegenheitsursachen wirken, anerkannt. Und seither haben die Meister der neuen Lehre sich immer mehr bemüht, den Anteil des „Milieu social" und der

Individualität am Verbrechen zu erforschen und abzuwägen. — Das Maß des individuellen, verantwortlichen Verschuldens ist nicht ein für allemal festzulegen, sondern von Fall zu Fall zu untersuchen. Die moderne Kriminalpolitik ist damit aber vor eine Fülle der schwerwiegendsten neuen Aufgaben getreten. Die kurzzeitige Freiheitsstrafe, die weder abschreckend, noch bessernd, im Gegenteil nur zur oft nachteilig wirkt, kann vor dem neuen System nicht bestehen. Das Interesse der Gesellschaft fordert einmal die Unschädlichmachung der Verbrecher, dann aber auch die Erhaltung ihrer Arbeitskraft, ihrer Existenz. Der Verbrecher muß, sofern ein Rückfall zu befürchten ist — gegen den in leichteren Fällen die bedingte Verurteilung die einfachste Sicherung bildet — in Gewahrsam gehalten werden; gleichzeitig aber ist der Versuch zu machen, ihn der Gesellschaft als nützliches Glied zurückzugewinnen, d. h. er ist zu erziehen und in dem Augenblicke zu entlassen, da ein Rückfall nicht mehr zu befürchten ist; dieses System setzt eine unbestimmte Strafdauer voraus. Unheilbar moralisch Kranke gehören ins Irrenhaus, oder in ein Mittelding zwischen Irrenhaus und Gefängnis, während die Strafanstalten durch sichere Gewahrsame zu ersetzen sind, in denen eine ärztlich-moralische Kur und Erziehung erteilt wird.

Für die unbestimmte Strafdauer hat sich besonders der dritte internationale Kongreß für Kriminal-Anthropologie, der 1892 in Brüssel abgehalten wurde, ausgesprochen. Dieselbe Forderung hat die internationale kriminalistische Vereinigung, an deren Spitze die Professoren v. Liszt-Halle, Hamel-Amsterdam und Prinz-Brüssel stehen, in ihre Grundlinien aufgenommen und damit hinlänglich dargethan, welche Aufgaben die große moderne Umwertung der moralischen Werte dem Strafrecht der Zukunft stellt.

Die individuelle Schuld wird im Gewahrsam durch die Entbehrung der Freiheit und der Ehre gesühnt, die soziale Schuld, die Schuld Aller gegen Alle, wird durch die Erziehung und Heilung und durch die Schaffung besserer Lebensbedingungen abgetragen.

III.
Die Verbrecher.
1. Die jugendlichen Verbrecher.

Das neueste statistische Jahrbuch für das Deutsche Reich enthält als Anhang einige Tafeln, die eine lehrreiche Illustration zu einem in letzter Zeit viel erörterten Kapitel geben. Die erste Tafel veranschaulicht die Gesamtkriminalität im Reiche nach Alter und Geschlecht im Durchschnitt der Jahre 1886/95. Auf 100 000 Personen der Zivilbevölkerung desselben Alters und Geschlechts kommen unter den Frauen im allgemeinen nur 200—400 Verurteilte; den höchsten Stand erreicht das weibliche Geschlecht im Alter von 25 bis 30 Jahren mit über 500 Verurteilten unter 100 000 Frauen. Ganz anders die Männer. Unter 100 000 jugendlichen Personen männlichen Geschlechts im Alter von 12—15 Jahren befinden sich bereits gegen 700 Verurteilte; im Alter von 15—18 Jahren über 1400, im Alter von 18—25 Jahren sogar um 3500; dann tritt ein ziemlich schneller Rückgang ein; auf 100 000 Männer im Alter von 25—30 Jahren entfallen noch über 2900, von 30 bis 40 Jahren über 2200, von 40—50 Jahren 1600, von 50 bis 60 Jahren gegen 1100, von 60—70 Jahren noch gegen 600 Verurteilte. Es wird also in den Altersklassen von 18—21 Jahren und von 21—25 Jahren eine enorme Höhe erreicht, der ein schnelles Steigen vorangeht und ein gleichmäßiges Sinken folgt. Der Klasse vom 12.—15. Jahre entspricht etwa das 60., der vom 15. bis 18. das 50. Jahr.

Andere Tafeln stellen den Anteil der verschiedenen Altersklassen an den einzelnen Arten der häufigsten Verbrechen dar. Während an den anderen Verbrechen und Vergehen die Frauen im allgemeinen erst in höherem Alter namhaft beteiligt sind, ist der Diebstahl gerade unter den jüngeren weiblichen Personen bei weitem am häufigsten. In den Altersklassen von 15—18 und von 18 bis 21 Jahren entfallen auf 100 000 Personen der weiblichen Bevölkerung mehr als 200, die wegen Diebstahls verurteilt sind. Auch bei der männlichen Bevölkerung ist für Diebstahl und für gefährliche Körperverletzung die Zeit vom 18.—21. Jahre der Höhepunkt. Während unter 100 000 Personen der männlichen Zivilbevölkerung im Alter von 18—21 Jahren etwa 625 wegen Diebstahls verurteilt sind, findet man unter den Vertretern dieser Altersstufe mehr als 1 %, die sich der gefährlichen Körperverletzung schuldig gemacht haben! Auf gefährliche Körperverletzung und einfachen Diebstahl folgt die Beleidigung, die jedoch erst im Alter von 30—50 Jahren besonders häufig wird (über 3 %$_{00}$). Die Vermögens- und Roheitsverbrechen sind unter der männlichen Bevölkerung aber auch in den Altersstufen unter dem 18. Jahre bedenklich häufig. Im Alter von 15—18 Jahren kommen auf 100 000 männliche Personen etwa 260 wegen gefährlicher Körperverletzung und nahe an 500 wegen Diebstahls Verurteilte, und selbst unter den Jugendlichen von 12 bis 15 Jahren machen sich bereits nahezu 4 %$_{00}$ des Diebstahls schuldig!

Im Jahre 1895 sind allein 44 384 Jugendliche wegen Verbrechen und Vergehen gegen Reichsgesetze verurteilt, das sind 9,8 % der überhaupt Verurteilten. Im Jahre 1894 waren es sogar 45 554 oder 10,2 %. Im übrigen sei hier auf die hinten angefügten Tabellen verwiesen, welche einen frappanten Beleg für die bekannte Thatsache bieten, daß die Kriminalistik, wenn die Daten zeitlich und räumlich nicht weit auseinanderfallen, ungemein auffallende Übereinstimmungen aufweist, und den Anteil der Jugendlichen an den einzelnen Arten von Verbrechen deutlich zeigen.

Wie wir gesehen haben, kommen der Hauptsache nach nur die männlichen Personen in Betracht. Es giebt in Deutschland 14 158 000 männliche Personen im strafmündigen Alter (12 Jahre und darüber) und darunter 3 155 000 Jugendliche männlichen Geschlechts, so daß die Jugendlichen noch nicht 25 % der Strafmündigen überhaupt ausmachen. Nur sollte man annehmen, daß ihr Anteil an den einzelnen Arten von Verbrechen noch weit hinter diesen 25 % zurücksteht, was im allgemeinen natürlich auch der

Fall ist; gleichwohl sehen wir die Jugendlichen an gewissen Verbrechen vollständig im Verhältnis ihrer Kopfzahl, ja sogar noch beträchtlich darüber hinaus vertreten, in erster Linie bei der Brandstiftung (28,9 %), und dann bei Diebstahl (23,5 %). Notzucht und Unzucht (22,5 %); auch ihr Anteil an Sachbeschädigung, Raub und Erpressung, Hehlerei, Urkundenfälschung und Unterschlagung ist sehr groß, bedeutend größer, als der Eingriff der Jugendlichen in das Leben der Gesamtheit sein dürfte. Wenn die größte Zahl der jugendlichen Verbrecher auch auf das Alter vom 15.—18. Jahre entfällt, so ist es doch eine überaus traurige Thatsache, daß von den Knaben und jungen Leuten im Alter von 12—15 Jahren jährlich im Durchschnitt bereits 82 wegen Hausfriedensbruches, 99 wegen Urkundenfälschung, 131 wegen Beleidigung, 163 wegen Unzucht, 175 wegen einfacher Körperverletzung, 259 wegen Betruges, 408 wegen Hehlerei, 412 wegen Unterschlagung, 745 wegen gefährlicher Körperverletzung, 839 wegen Sachbeschädigung, 1145 wegen schweren und gar 6026 wegen einfachen Diebstahls, alles in allem jährlich rund 11 000 männliche Personen im Alter von 12 bis 15 Jahren verurteilt werden müssen — das ist Einer von 163.

Besonders die Häufigkeit des Diebstahls ist erschrecklich; ziehen wir noch die weiblichen Langfinger hinzu, so sehen wir jährlich nicht weniger als rund 9000 Kinder von 12—15 Jahren, die bereits wegen Diebstahls, und zwar nahezu in jedem siebenten Falle wegen schweren Diebstahls gerichtlich bestraft werden. — Und werfen wir noch einen Blick zu den Nachbarn: In Paris sind die Hälfte der zur Haft gebrachten Personen noch nicht 21 Jahre alt, und fast alle haben schwere Verbrechen begangen; da finden wir in einem Jahre (1880) 30 Mordthaten, 39 Totschläge, 3 Verwandtenmorde, 2 Giftmorde, 114 Kindesmorde, 4212 Schlag- und Stichverletzungen, 25 Brandstiftungen, 153 Notzuchtfälle, 80 Fälle der Verletzung der Schamhaftigkeit, 458 schwere Diebstähle, 11 862 einfache Diebstähle.

Woher diese große Zahl der jugendlichen Verbrecher, insbesondere die Zahl der Eigentums- und Roheitsverbrechen in so frühem Alter?! Die Wissenschaft beschäftigt sich heute mehr denn je mit dieser ebenso wichtigen wie unerquicklichen Frage. Wir haben das Verbrechen als soziale Erscheinung kennen gelernt; und wenn z. B. Bär sagt: „Der Verbrecher und der ehrliche Mensch hängt jeder ab von seiner Umgebung", so gilt das in erster Linie gerade von den jugendlichen Verbrechern. Niemand wird zweifeln, daß das **Elternhaus** die jugendlichen Verbrecher macht; aber das Elternhaus seinerseits steht wieder unter dem Banne des „Milieu social". Das soziale Elend bringt die Eltern auf die tiefste Stufe; das Wohnungselend trägt einen guten Teil der Schuld an der Verwahrlosung der Kinder, nicht nur an der körperlichen, sondern ebenso sehr auch, besonders infolge des häufigen Zusammenlebens der verschiedenen Geschlechter verschiedensten Alters in demselben engen Raume, an der sittlichen Verwahrlosung. Das Elend der Eltern zwingt die Kinder auf die Straße, wo sie, etwa Streichhölzchen, Blumen u. dergl. feilhaltend, die Nächte hindurch das frivole Treiben beobachten müssen; oder die sittlich selbst schon völlig herabgekommenen Eltern schicken das Kind aus, um zu betteln oder gar um direkt zu stehlen. Schließlich genügt es schon, wenn die Eltern tags über beide in der Fabrik beschäftigt sind und niemand sich der Kinder annimmt. —

Daß das „Milieu social" allein noch nicht den Verbrecher macht, soll gern zugegeben werden; die soziologischen und biologischen Faktoren müssen zusammenwirken; allein wenn man sich vergegenwärtigt, wie sehr auch die individuelle Anlage abhängig ist von der Geburt und Erziehung, d. h. von den Eltern, und wie sehr diese wieder unter dem Einflusse des „Milieu social" stehen, so kommt man doch auch hier zu dem Schlusse, daß die große Zahl der jugendlichen Verbrecher als eine soziale Erscheinung zu betrachten ist, im wesentlichen abhängig von sozialen Elementen, von der sozialen Lage der Bevölkerungsklassen, aus denen die jugendlichen Verbrecher der Hauptsache nach hervorgehen. Und wenn man die oben angeführten Faktoren der Entstehung der jugendlichen Verbrecher berücksichtigt, so wird man sich über die große Zahl derselben nicht wundern dürfen. Gleichzeitig aber muß man auch hier wieder zu der Überzeugung gelangen, daß mit der üblichen Strafe absolut nichts auszurichten ist, bekommt das empfängliche Gemüt im Gefängnis doch auch erst die rechte Anleitung zur weiteren Verbrecherlaufbahn. Aus dem jugendlichen Verbrecher kann nur durch nachhaltige Erziehung etwas Brauchbares gemacht werden, während welcher die Gesellschaft natürlich vor etwaigen weiteren Ausschreitungen gesichert werden muß. Des Übels Wurzel aber ist damit durchaus nicht berührt, denn diese ist nicht bei dem Kinde, sondern bei den Eltern zu suchen. Körperlich und sittlich gesunde Kinder setzen körperlich und sittlich gesunde Eltern, gesunde Wohnungs- und Nahrungsverhältnisse und eine gute Erziehung voraus. Nur wer diese Vorbedingungen zu gewährleisten vermöchte, wäre imstande, die jugendlichen Verbrecher — und schließlich die Verbrecher überhaupt — aus der Welt zu schaffen. Wer an der Besserung dieser Verhältnisse arbeitet, hilft die Zahl der jugendlichen Verbrecher vermindern.

2. Rückfällige Verbrecher.

Von allen im Laufe eines Jahres wegen Verbrechen und Vergehen gegen Reichsgesetze Bestraften sind nahezu $4/_{10}$ vorbestraft. Einzelne Verbrechen werden besonders häufig von vorbestraften Personen verübt, so Nötigung und Bedrohung (50 vom Hundert der Fälle), Mord und Totschlag (52 vom Hundert), Betrug (53 vom Hundert), Gewalt und Drohung gegen Beamte (59,9 vom Hundert), Raub und Erpressung (64,4 vom Hundert); auch Diebstahl und Unterschlagung, Hausfriedensbruch, Meineid und Urkundenfälschung stehen in dieser Hinsicht über dem Durchschnitt. Diese Statistik giebt über die rückfälligen Verbrecher als solche natürlich nur eine oberflächliche Auskunft, während sie über die eigentlichen gewerbsmäßigen Verbrecher garnichts sagt. Wenn sie überhaupt für irgend eine Thatsache vollauf beweiskräftig ist, so kann es wohl nur die sein, daß unsere gegenwärtige Strafrechtspflege zu einer Verminderung der Verbrechen unfähig ist, daß das heutige Gefängniswesen in keiner Weise abschreckend oder bessernd wirkt, daß wir zur Zeit kein Mittel haben, den Rückfall zu verhüten. Die Gewohnheitsverbrecher, gewerbsmäßigen Verbrecher oder Berufsverbrecher spielen unter dem herrschenden System in der Kriminalität eine sehr bedeutende Rolle; es sind dies die Individuen, die, gewöhnlich von Jugend auf, ungeachtet der Strafen, die sie immer wieder erleiden, immer und immer wieder, und zwar in der Regel gleichartige Verbrechen begehen und während eines großen Teiles ihres Lebens den Strafanstalten als Stammgäste angehören.

Aber auch Gelegenheitsverbrecher, die nur einer plötzlichen Versuchung oder drückenden Not erlegen sind, verfallen nur zu leicht aufs neue dem Verbrechen, sei es infolge der Anleitung, die sie im Gefängnis erhalten haben, sei es infolge der Unmöglichkeit, nach der Entlassung wieder eine Stellung zu finden. — In Frankreich hat sich die Zahl der Rückfälligen auf 100 Verbrecher im Laufe eines halben Jahrhunderts verdoppelt. Wie G. Tarde uns mitteilt, war um die Mitte des Jahrhunderts die durchschnittliche Zahl der Rückfälligen unter 100 Verbrechern in Frankreich 32; dieser mittlere Durchschnitt wurde von den Landstrichen mit Gebirgen und ohne große Städte nicht annähernd erreicht; dort waren nur 20 vom Hundert der Verbrecher rückfällig; weit überschritten aber wurde er in den dicht bevölkerten Teilen, in denen er auf 40 und 42 vom Hundert stieg. In den 40 Städten mit mehr als 30 000 Einwohnern zählte man einen rückfälligen Verbrecher auf 307 Einwohner, während ein solcher in den kleinen Städten erst auf 712 Einwohner kam. Das ist sehr bezeichnend, fügt Tarde dem Bericht hinzu, besonders wenn man beachtet, wie hier oft Ursache und Wirkung verwechselt werden. Das Verhältnis schreibt sich nicht daher, weil die rückfälligen Verbrecher in die Großstädte strömen — das eigentliche Feld des gewerbsmäßigen Verbrechers ist allerdings die Großstadt —, sondern weil die Großstädte die dort einmal Verurteilten zusammenführen, in gewissen Vierteln und Gebäuden gruppieren und sie durch die Gemeinschaft in neuen Verbrechen üben und sie dazu anreizen.

Es kommt nun viel darauf an, die Reklassierung eines einmal Gefallenen oder Besserungsfähigen, seine Wiedereinführung in seinen alten Stand und Beruf zu ermöglichen. Es herrscht allgemeine Übereinstimmung darüber, daß die große Schwierigkeit der Reklassierung der Hauptgrund der fortgesetzt steigenden Rückfälligkeit ist. Um hier Abhilfe zu schaffen, ist es notwendig, dem einmalig bestraften Verbrecher — soweit er sich nicht als gewerbsmäßiger Verbrecher gezeigt hat, also im Interesse der öffentlichen Sicherheit überhaupt nicht entlassen werden dürfte — nach seiner Entlassung über die schwere erste Zeit hinwegzuhelfen, ihm sofort Arbeit und Anstellung zu verschaffen und den Wiedereintritt in die Gesellschaft zu ermöglichen. Wie groß die Schwierigkeiten sind, die sich dabei in den Weg stellen, weiß nur derjenige, der selbst bei diesem Werke mitgearbeitet hat.

Die besten Erfolge hat man in Amerika erzielt. In der bekannten Musterstrafanstalt von Elmira hat man durch regste Fürsorge für die Gefangenen erreicht, daß z. B. im Jahre 1889 von 2300 Sträflingen, die zu unbestimmter Haftdauer verurteilt waren und auf Probe entlassen wurden, nur noch 15 Proz. ihre Verbrecherlaufbahn wieder aufnahmen. Das Beispiel von Elmira, wo die Sträflinge, als in einem „moralischen Hospital", erzogen und auf eine künftige ehrliche Laufbahn, besonders durch Unterweisung in einem bestimmten Gewerbe, nach allen Richtungen vorbereitet werden, hat nicht nur in Amerika, sondern selbst in Japan erfolgreiche Nachahmung gefunden.

In der Behandlung des Verbrechers muß wohl unterschieden werden zwischen dem gewerbsmäßigen Verbrecher, der keine andere Laufbahn ergreifen will, und vor dem die Gesellschaft dauernd gesichert werden müßte — es ließe sich wohl darüber reden, ob für diese Subjekte die dauernde Haft nicht durch Deportation ersetzt werden könnte — und dem rückfälligen Verbrecher, den nur die Unmöglichkeit des Wiedereintritts in seinen Stand, in ein ehrliches Gewerbe, zum zweiten Mal zum Verbrechen getrieben hat. Man könnte hier etwa nach unheilbarer „moralischer Krankheit", und sehr wohl heilbarer moralischer Schwäche unterscheiden. Wenn jene, die Berufsverbrecher, dauernd unschädlich gemacht werden, und diese, sagen wir die Zufallsverbrecher, durch geeignete Erziehung und erleichterte Wiedereinführung in ihren ehrlichen Stand vor dem Rückfalle bewahrt werden, dann wäre viel, sehr viel erreicht; die Kriminalstatistik würde weit weniger bedrohliche Zahlenreihen aufweisen, aus der Gesellschaft wären die absolut unbrauchbaren Glieder ausgeschieden, und neue, brauchbare, nützliche Glieder wären ihr zugeführt. Durch die Unschädlichmachung der Gewohnheitsverbrecher würden den erstmaligen Verbrechern die Lehrmeister genommen, das Verbrechen selbst würde eine ganz bedeutende Abnahme aufweisen, das fortwährende beängstigende Anwachsen der Kriminalität ins Gegenteil umschlagen.

3. Die gewerbsmäßigen Verbrecher und das Strafrecht.

Die Kriminalstatistik, die sich sonst durch große Zuverlässigkeit auszeichnet, giebt uns über einen außerordentlich wichtigen Punkt des Verbrecherwesens leider keinerlei Auskunft: über die gewerbsmäßigen Verbrecher. Wir erfahren zwar, ein wie großer Teil der Verbrecher in den einzelnen Kategorieen vorbestraft sind — doch nicht jeder Vorbestrafte ist ein gewerbsmäßiger Verbrecher, und nicht jeder gewerbsmäßige Verbrecher ist vorbestraft. Die Kriminalstatistik aber kennt den gewerbsmäßigen Verbrecher nicht — sie kennt ihn nicht, da auch das Strafgesetzbuch ihn nicht kennt.

Der gewerbsmäßige Verbrecher ist eine allen, selbst den erst in neuester Zeit eingeführten Strafgesetzbüchern völlig unbekannte Persönlichkeit.[1]) Schier sollte man glauben, er existiert überhaupt nicht — wenn nicht die Kriminalpolizei uns sehr entschieden eines anderen belehren würde; ihr ist gerade der gewerbsmäßige Verbrecher die vertrauteste Persönlichkeit, ihr ganzes System ist geradezu aufgebaut auf die Existenz des gewerbsmäßigen Verbrechers. Und gehen wir gleich noch einen Schritt weiter; ihr Erzfeind, den sie mit allen Mitteln ihrer wunderbar entwickelten Technik und Taktik bekämpft, ist nicht nur schlechthin der gewerbsmäßige Verbrecher, sondern speziell der internationale gewerbsmäßige Verbrecher; er, dessen Betrieb am größten, dessen Geschicklichkeit am meisten entwickelt, dessen Sicherheit am besten geschützt, dessen Mittel am raffiniertesten, dessen Unschädlichmachung am schwersten, macht der Kriminalpolizei die ärgste Arbeit. Den Strafgesetzbüchern aber ist er völlig unbekannt. Mag er im Auslande auch noch so zahlreiche und schwere Verbrechen verübt, auch noch so viele Vorstrafen erlitten haben — sobald er in einem anderen Lande seine unheilvolle Thätigkeit aufs neue beginnt, ist er dem Strafgesetzbuch gegenüber ein neuer Mensch, dessen Vorleben ausgelöscht ist; nicht ein höchstgefährlicher, vielfach vorbestrafter, internationaler, gewerbmäßiger Verbrecher — ein neugeborenes Kind ist er im neuen Lande; keine Strafe, kein Verbrechen im Auslande wird ihm angerechnet.

Wer im eigenen Lande zweimal für vielleicht verhältnißmäßig harmlose Verbrechen bestraft wird, ist rückfällig und härterer Strafe gewärtig; wer einige Dutzend Male die gleichen schweren Verbrechen begeht, aber schlau genug ist, den Ort seiner Thätigkeit häufiger zu verlegen, steht unter dem besonderen Schutze des Gesetzes — er gilt immer wieder als unbestraft. — Die kleinen Diebe hängt man . . . .

Unter diesem Schutze einer unvollständigen Gesetzgebung blüht

---

[1]) „Völlig unbekannt" könnte mißverstanden werden; wenn die Bezeichnung „gewerbsmäßig" im Strafgesetzbuch aber auch in gewissen Fällen gebraucht wird, so werden die uns hier beschäftigenden Erscheinungen dadurch doch keineswegs berührt.

und gedeiht das internationale gewerbsmäßige Verbrechertum aufs beste. Wer an seiner Ausdehnung zweifelt, der denke nur einmal an die Taschendiebe, die stets dorthin reisen, wo „etwas los" ist, heute in Paris, morgen in London, bald in Berlin, bald in Amerika ihrem einträglichen Geschäfte obliegen; er denke an die Schwindler aller Art, die unter den verschiedensten Firmen gehen, an die weltmännischen Hochstapler, die alle großen Hotels der Erde bereisen, an die internationalen Börsenschwindler — an die internationalen Namen des Verbrecheralbums.

Freilich, aus der geschlossenen Zunft des über die ganze zivilisierte Erde verbreiteten Gaunertums, das seine eigene internationale Sprache hatte, ist ein freies Gewerbe geworden; aber der internationale Charakter ist geblieben. Die Gaunersprache ist mehr und mehr zu lokaler Bedeutung herabgesunken, die internationalen Gauner ersetzen sie durch ausgedehnte Sprachenkenntniß; ihr Betrieb aber ist mehr denn je international geworden und wird es mit der Erleichterung des Verkehrs immer mehr. Die Verbrecher sind diese Reise um die Erde ihrer Sicherheit und der Einträglichkeit ihres Gewerbes schuldig. Der internationale Betrieb ermöglicht es ihnen, sich immer mehr für eine Spezialität auszubilden, und das Spezialistentum fordert seinerseits wieder eine bedeutende Erweiterung des räumlichen Arbeitsfeldes. Die Abenteuer- und Genußsucht der gewerbsmäßigen Verbrecher verstärkt nur noch diesen Trieb zu international ausgedehnter Arbeit.

Arbeitsscheu, Abenteuer- und Genußsucht Hand in Hand tragen zur Entstehung des gewerbsmäßigen Verbrechers bei. Tarde schreibt: „Woher stammen denn notorisch die gewerbsmäßigen Verbrecher? Aus der Reihe der Deklassierten. Auf all die rückfälligen Verbrecher in den Großstädten rechne man diejenigen, die vom Lande zugewandert sind, nicht um zu arbeiten, sondern um nichts zu thun; auf all die Betrüger und Schwindler rechne man diejenigen, die an einem Tage reich werden wollen, nicht durch ihrer Hände Arbeit, sondern durch Spiel und Spekulation." Jawohl, man ziehe sie nur alle in Rechnung, und neben dem Taschendieb, der bei seinem Gewerbe die Hunderte erntet, vergesse man nicht den internationalen Börsenschwindler, dessen Geschäft Millionen abwirft. Gerade in den Vertretern der oberen Klassen, die es „nicht nötig" haben, kann, wie wir sahen, die „moral insanity", der Trieb zum Verbrechen, latent bleiben.

Die weniger herben Formen des Verbrechens finden einen immer breiteren Boden, das Verbrechen entgeht leichter der Strafe, die Strafe wird zudem milder, und die Versuchung größer. Hören wir noch einmal die beachtenswerten Worte des französischen Kriminologen:

„Während der Wert der Gegenstände, die gestohlen und unterschlagen werden können, und der Annehmlichkeiten, die durch Diebstahl, Unterschlagung, Vertrauensbruch, Mord u. s. w. erlangt werden können, außerordentlich zugenommen hat, sind die Gefängnisse unaufhörlich verbessert, was Nahrung, Behausung, ja Comfort anbetrifft, und die Gerichte sind dauernd milder geworden. Der Vorteil ist also gewachsen und die Gefahr vermindert, bis zu dem Grade, daß in unseren zivilisierten Ländern das Gewerbe der Taschendiebe, Vagabunden, Betrüger u. s. w., ja das der Mörder eins der ungefährlichsten und fruchtbarsten Geschäfte geworden ist, das ein Faulenzer nur ergreifen kann." In gleicher Weise gilt das hier für Frankreich gesagte für unsere Verhältnisse; größere Versuchung zu Diebstahl, Betrug, Unterschlagung u. s. w., größere Gewinne, geringere Gefahren, bedeutend verbesserte, wohnlicher gemachte Gefängnisse für den Fall der Verurteilung, immer zunehmende Milde besonders der Geschworenen — kurz, das gewerbsmäßige Vermögensverbrechen wird zu einem der einträglichsten, leichtesten und ungefährlichsten „Erwerbszweige". — Da die Versuchung zum Verbrechen und der mögliche Profit desselben einfach nicht herabgesetzt werden kann, so muß die Hülfe an der anderen Seite eingreifen, indem dem größeren Profit, der größeren Versuchung auch größere Gefahren, härtere, nachhaltige Strafen gegenübergestellt werden, d. h. also, indem das gewerbsmäßige Verbrechen als [s]olches durch das Strafgesetz gekennzeichnet und entsprechend schärfer geahndet wird. —

Nun aber tritt noch die Gefahr des Rückfalls auch bei schärferer Strafe hinzu; sie wird ja freilich um so größer, je milder die Strafe ausfällt, ist doch schließlich die Strafe selbst heute vielfach als Ursache des Rückfalles anzusehen, indem das Gefängnis nur zu oft als hohe Schule des Verbrechertums zu betrachten ist. Wird der Gefangene entlassen, so ist er um große „Berufskenntnisse" reicher, die Aussichten für das verbrecherische Gewerbe sind für ihn gehoben; anderseits sind die Aussichten auf Reklassierung sehr gering, trotz aller nach dieser Richtung hin durch gemeinnützige Veranstaltungen getroffenen Vorbeugungsmaßregeln. Die eben erst auf die abschüssige Bahn geratenen Verbrecher kommen in nahe Berührung mit den älteren Kollegen, sie empfangen die nötigen Lehren, der Nachahmungstrieb regt sich mächtig, es fehlt in vielen Fällen durchaus an dem Willen, das neue Abenteurer- und Faulenzerleben aufzugeben und in die Gesellschaft zurückzukehren. Aber auch wo dieser gute Wille vollauf vorhanden ist, ist eine Reklassierung sehr schwer; es finden sich keine passenden Stellen, es mangelt an Erwerb, an Achtung — und der Rückfall tritt in kürzester Zeit ein, das einmal, sei es aus Genußsucht oder aus Not, angefangene verbrecherische Gewerbe wird für den Verbrecher lebenslänglich „obligatorisch".

Am schnellsten verfällt der gewerbsmäßige Dieb und Einbrecher der Strafe, da er nicht völlig auf sich selbst gestellt, sondern im allgemeinen auf Hehler angewiesen ist; bei dem eigentlichen Betrüger und Geschäftsschwindler, Bankerotteur, Hochstapler u. s. f. fällt diese Fessel schon mehr fort, und am wenigsten ist der Aussauger, der Wucherer, Gründer oder Börsenschwindler behelligt; er treibt sein Gewerbe am längsten, ohne dem Arme des Scharfrichters zu verfallen.

Soll nun aber die Strafe ihren Zweck erreichen, so muß sie den gewerbsmäßigen Verbrecher auch in dem nötigen Maße treffen, d. h. sie muß überhaupt einen gewerbsmäßigen Verbrecher — und insbesondere den internationalen gewerbsmäßigen Verbrecher — kennen! Um dann einerseits den vielleicht noch zu rettenden Gelegenheitsverbrecher nicht erst in die hohe Schule des Verbrechens eintreten zu lassen, und um anderseits die gesamte Gesellschaft hinlänglich vor dem gewerbsmäßigen Verbrecher zu schützen, wäre in der That wohl kaum ein anderer Ausweg zu finden, als die Erfüllung der besonders von der internationalen kriminalistischen Vereinigung gestellten Forderungen: Für jene bedingte Verurteilung, für diese unbestimmte Strafdauer (bis Rückfälle nicht mehr zu befürchten sind).

Solange das Strafgesetzbuch von der Existenz des gewerbsmäßigen Verbrechers nichts weiß, ist es natürlich zu seiner Bekämpfung unfähig.

IV.
Die Behandlung der Verbrecher.
1. Zur Deportationsfrage.

In neuerer Zeit sind in Deutschland mehrfach Stimmen für die Errichtung von Verbrecherkolonieen laut geworden; Professor Bruck in Breslau hat dem Plane eine feste Gestalt gegeben und einen vollständigen Gesetzentwurf ausgearbeitet, in welchem er Deutsch-Südwestafrika als Verbrecherkolonie bestimmt wissen will. Es ist nicht ausgeschlossen, daß die Frage, nachdem sie einmal eine feste Form gewonnen, auch über lang oder kurz den Reichstag beschäftigen kann.

Die Deportationsidee ist nur ein Glied in der großen Reihe der Reformpläne auf dem Gebiete des Strafrechts, mit denen die Gesellschaftswissenschaften sich heute sehr lebhaft beschäftigen. Die Angriffe gegen das alte System werden immer schärfer, und mit ihnen werden die Besserungsvorschläge immer zahlreicher. Der führende Vertreter der modernen Kriminalpolitik kommt bei der Betrachtung der kurzzeitigen Freiheitsstrafe, die unsere gesamte Strafrechtspflege beherrscht, zu dem Schluß: „Eine Strafe, die das Verbrechen fördert, das ist die letzte und reifste Frucht der vergeltenden Gerechtigkeit" — und so hart das Urteil auch ist, steht es doch keineswegs vereinzelt da; dafür sprechen die Grundsätze der etwa 600 Mitglieder aus allen Ländern umfassenden internationalen kriminalistischen Vereinigung, in denen es heißt:

„Bezüglich der kurzen Freiheitsstrafen glaubt die Vereinigung, daß dieselben ganz wohl durch andere Maßregeln von gleicher Wirksamkeit ersetzt werden können; bezüglich der längeren, daß deren

Länge nicht allein von der materiellen und moralischen Schwere des Verbrechens, sondern auch von dem im Gefängnisse erreichten Resultate abhängen soll. Die unverbesserlichen Verbrecher sollten, unabhängig von der Schwere ihrer Strafthat und gerade mit Rücksicht auf die Rückfälligkeit so lange als möglich unter Bedingungen gestellt werden, welche dieselben unschädlich machen."

Von dieser dauernden Unschädlichmachung in Gewahrsamen, die zwischen der Straf- und der Erziehungsanstalt stehen, ist bis zur Deportation schließlich nur ein kleiner Schritt — womit nicht gesagt ist, daß nicht gerade dieser kleine Schritt vielleicht über die Grenze hinausführt, daß er nicht möglicherweise genügt, aus Vernunft Unsinn, aus Wohlthat Plage zu machen.

In wie gefährliche Nähe dieser schmalen Grenze wir mit der Deportationsidee kommen, zeigt die Betrachtung der Länder, in denen die Deportation lange in Brauch gewesen, bezw. noch in Brauch ist. Lassen wir Rußland mit seinen ungeordneten Rechtsverhältnissen ganz aus dem Spiel, und wenden wir unser Augenmerk nur den Ländern zu, die fortgesetzt auf der Höhe der Kultur gestanden. Da sehen wir England mit seiner alten Verbrecherkolonie Australien. Man muß es sich nur recht vergegenwärtigen, was es heißen will, daß dieses gewaltig aufstrebende Land mit seinen blühenden Millionenstädten vor wenigen Jahrzehnten noch das Land der Deportation war; man denke nur etwa an die Geschichte der Stadt Melbourne, deren herrlicher Naturhafen vor hundert Jahren noch absolut wertlos war, und heute, nachdem Jahrzehnte lang Verbrecher seine Ufer bewohnt haben, einen nur nach vielen Milliarden zu bemessenden Wert hat, an das ganze blühende Leben dieser südlichsten Millionenstadt, die über Nacht aus einer Verbrecherkolonie zu dieser Bedeutung emporgewachsen ist.

Und doch, trotz dieses gleißenden Bildes wird man auch die Kehrseite der Medaille nicht unbeachtet, wird man auch das Urteil aus einem anderen Deportationslande nicht ungehört lassen dürfen. Hören wir einmal eine französische Stimme über die Verbrecherkolonien, das Urteil des mehrfach genannten Kriminalsoziologen Tarde. Nachdem derselbe darauf hingewiesen, daß das gewerbsmäßige Eigentumsverbrechen zu einem der ungefährlichsten und einträglichsten Gewerbe geworden ist, daß es aber unmöglich ist, den Ertrag des verbrecherischen Handwerks, den möglichen „Profit", zu verringern tritt er für eine Vergrößerung der damit verbundenen Gefahr, des

„Risikos", durch größere Strenge und Wachsamkeit ein. „Über die Wahl der Mittel läßt sich streiten. Ich hege z. B. starken Zweifel", sagt Tarde, „daß die Deportation der Rückfälligen die wunderbaren Wirkungen hat, die man von ihr erwartet. Die Verbrecherkolonie kann für den Besseren nur eine Hölle, für den Schlechteren nur ein Eldorado sein. Alles in allem wird sie nicht mehr abschrecken als die dauernde Gefangenhaltung. In Frankreich wird diese Strafe schon seit geraumer Zeit angewandt, jedoch ohne daß sich die Kriminalität auch nur im geringsten vermindert hätte; in England hat man sie im Großen und ohne mehr Erfolg versucht. Dem gegenüber sehen wir ein benachbartes Land auf derselben Kulturstufe, Belgien, in beständiger Abnahme der Verbrechen und Vergehen, obwohl es überhaupt nicht deportiert. — Wenn bei einem Nachbarvolk, das nicht deportiert, die durchschnittliche Kriminalität abnimmt, während sie anderwärts, wo enorm deportiert wird, nicht aufhört zu steigen — ja, wie will man sich da einreden, daß es genügen würde, immer mehr zu deportieren, um die Kriminalität, deren Steigen uns beunruhigend wird, sinken zu lassen!

„Über Bord werfen, was einem unbequem ist" — sagt Tarde weiter — „das ist äußerst bequem; aber damit wird man weit kommen! Es wäre traurig für Frankreich, in dem Maße, als es weniger Waaren exportiert, mehr Verbrecher zu deportieren, bis es eines Tages vielleicht so weit ist, daß es keinen anderen Ausfuhrartikel mehr hat. Wenn es schließlich zu irgend etwas führte! Aber aus dem Vorigen erhellt, daß es zweifellos zu gar nichts führt."

So die französische Beurteilung des Systems, an welches Tarde lediglich die Frage stellt, inwieweit es zu einer Verminderung der Kriminalität fähig und geeignet ist. Hierauf giebt nun das Beispiel Englands und Frankreichs eine durchaus negative Antwort. Ist aber die Deportation nicht imstande, der fortgesetzten Zunahme der Verbrechen einen Riegel vorzuschieben, so wäre ihre Einführung überhaupt nicht, oder doch nur dann berechtigt, wenn es durchaus kein Mittel gäbe, dieser Zunahme wirksam entgegenzutreten. — Nehmen wir nun einmal an, daß es thatsächlich derartige Mittel nicht gäbe, und daß die Deportation demnach als einfachste Befreiung der Gesellschaft von den antisozialen Elementen zu betrachten und zu empfehlen wäre. Dann fragt es sich, wie die

Maßnahme nach anderer Richtung hin wirkt, wie die Deportation dem Staate, abgesehen von der Beseitigung schädlicher Staatsglieder, zu nützen vermag; hier stehen sich unsere beiden Beispiele schroff genug gegenüber: Auf der einen Seite sehen wir die mächtig entwickelte ehemalige englische Verbrecherkolonie, auf der anderen die Warnung, daß eines Tages die Verbrecher der einzige Ausfuhrartikel Frankreichs werden könnten! — Was ist für die deutschen Verhältnisse maßgebend? Haben wir in gleicher Weise die französische Warnung zu fürchten? Kaum; denn Deutschlands Waarenausfuhr ist im Steigen, und Deutschland wird von einer verhältnismäßig geringen Menschenausfuhr nicht annähernd so stark betroffen wie Frankreich, da seine Bevölkerung fortgesetzt wächst, während die Frankreichs bekanntlich eher zur Abnahme neigt.

Eine planmäßig organisierte Auswanderung braucht Deutschland also keineswegs zu fürchten. Anders steht es um die Frage, ob gerade für die deutschen Kolonien die Besiedelung mit Verbrechern von Vorteil wäre. Graf Pfeil leugnet insbesondere, daß Deutsch-Südwestafrika sich zu einer Verbrecherkolonie eigne; Professor Bruck, dessen Gesetzentwurf gerade auf die Verwendung dieser Kolonie für die Deportation abzielt, glaubt ihn wiederlegen zu können. Nun haben wieder die Landeskundigen das Wort. Vom Schreibtisch aus läßt sich eine derartige Frage der Praxis nicht entscheiden. Einige Zweifel, daß einer unserer Kolonien mit der Umwandlung in eine Verbrecherkolonie gedient wäre, lassen sich kaum unterdrücken.

Nun aber die andere Frage. Haben wir wirklich ein Recht zu dem Deportationssystem zu greifen, über Bord zu werfen, was uns unbequem ist? Ich spreche nicht davon, ob die „Humanität" das Deportationsprinzip zuläßt, was für die Gesamtheit das nützlichste ist, das ist die Frage. Jeder Raub an der gesamten Volkskraft ist eine antisoziale Handlung. Das Bestreben der Kriminalpolitik muß es sein, den an sich antisozialen Verbrecher nicht zu beseitigen oder an eine Stelle zu bringen, wo er der Gesellschaft nicht in vollem Maße nützen kann, sondern ihn vielmehr durch und durch zu einem nützlichen Gliede der Gesellschaft zu gestalten, ihn wieder zu sozialisieren. Ist dies in der Verbrecherkolonie möglich, kann er dort der Gesellschaft in unvermindertem Umfange dienstbar gemacht werden — wohl, so deportiert; aber achtet wohl darauf, daß an seiner Stelle in der Heimat nicht noch mehr neue Verbrecher entstehen. Ist es nicht möglich die Kraft des Deportierten in der Kolonie in der Weise auszunutzen, wie es bei freier Arbeit in der Heimat der Fall wäre, so ist die Deportation unwirtschaftlich; vor allem also, wenn die Kolonie überhaupt für Europäer ungeeignet ist, oder auch, wenn sie durch freie Einwanderer besser kultiviert werden kann.

Das Ziel ist einmal, den Verbrecher zu einem nützlichen Glied der sozialen Organisation zu machen; das ist unter Umständen durch die Deportation wohl möglich; das Ziel ist ferner aber, dem Verbrechen überhaupt vorzubeugen, die Kriminalität zu mindern. Daß die Deportation hierfür aber völlig versagt, lehrt das Beispiel der deportierenden Staaten nur zu deutlich. Darum ist die Deportation in allgemeinen eine halbe, eine oberflächliche Arbeit, eine bequeme Umgehung schwierigerer Aufgaben. „Die Vernichtung des Lasters und die Rettung von Menschen" bezeichnete schon Thomas More als Zweck der Strafe. Über den Weg, auf dem dieses Ziel, so weit es überhaupt möglich ist, nur erreicht werden kann, sind sich die Gelehrten heute völlig einig; es ist weder zu erreichen in dem heutigen, „zu einer großen, mit automatischer Routine arbeitenden Maschine gewordenen" Gefängnis[1]) noch durch die Deportation. Die moderne Strafrechtslehre hat den Weg gewiesen; „bedingte Verurteilung" und „unbestimmte Strafdauer" heißen die beiden Stichworte. „Zu jedem Individuum, das die sozialen Instinkte verletzt, müßte die Gesellschaft sagen: So lange Du offenbar antisozial handelst, muß ich einen Druck auf Dich ausüben und Deine Freiheit mehr oder weniger beschränken. Ich will Dir hilfreiche Hand leisten, denn je eher Du wieder zu einem nützlichen Mitgliede wirst, desto besser für uns beide. Ich lasse Dich gern Deinem Weg gehen, je eher, je lieber, aber solange ich sehe, daß Du noch ein gefährliches Individuum bist, ist es mir unmöglich, Dir volle Freiheit zu geben."[1]) Nach dem ersten Fall wird der Delinquent am besten abgeschreckt, wenn fortgesetzt das Damoklesschwert der Strafe über ihm hängt, ohne daß er gleich in „die hohe Schule des Verbrechertums", das Gefängnis, geführt wird (bedingte Verurteilung). Der Rückfällige dagegen wird nicht der völlig wirkungslosen oder geradezu negativ wirkenden kurzzeitigen Freiheitsstrafe unterworfen, sondern auf unbestimmte Zeit in Gewahrsam genommen; darin, daß die erste

---

[1]) Dr. Ellis: „Verbrecher und Verbrechen."

und wichtigste Reform der Abschaffung des vorher bestimmten Strafmaßes ist, stimmen heute alle kompetenten Beurteiler überein. Ebenso wichtig ist es aber auch, daß der Verbrecher, sobald er aus dem „moralischen Hospital" entlassen wird, — wenn also ein Rückfall nicht mehr zu befürchten ist — sofort eine geeignete Unterkunft, eine möglichst gesicherte Arbeitsstellung findet.

Dieses ist das heute unbedingt als Grundlage zu fordernde System. Erst auf dieser Grundlage darf man heute auch in eine Erörterung der Deportationsfrage eintreten. Die Deportation kann möglicherweise des bei schweren Rückfälligen notwendige lange Gewahrsam im „moralischen Hospital" mit Vorteil ersetzen. Möglicherweise, denn für die Anstalten wäre es ja eine bedeutende Entlastung, wenn sie die widerhaarigsten antisozialen Elemente, auf deren Zurückführung in die soziale Organisation nur schwer zu rechnen ist, abgeben könnten. Ob auch der Staat selbst, wie man gemeinhin annimmt, entlastet werden würde, ist eine andere Frage, da er doch auch die Deportierten entsprechend leiten und beaufsichtigen müßte. Wie weit schließlich diese Anfüllung mit dem allerschlimmsten Ausschluß der Gesellschaft der Hebung der Kolonien förderlich sein würde, bliebe auch zu erwägen.

Auf die Einzelheiten hat die praktische Kolonialpolitik Antwort zu geben. Die Kriminalpolitik aber muß zunächst an ihren beiden modernen Grundforderungen festhalten. Die Möglichkeit der Deportation auf dieser Basis kommt für sie erst in zweiter Linie in Betracht, nur als Anhängsel, als Ersatz für die normale Arbeit des Gefängnisses der Zukunft, des moralischen Hospitals. Sie braucht die Deportationsidee keineswegs a limine abzuweisen, sie kann die Debatte aber nur aufnehmen, wenn die Deportation als verhältnismäßig unbedeutendes Glied, im großen und ganzen als Notbehelf, in das System eingereiht wird, das durch die beiden Schlagworte: „bedingte Verurteilnng" und „unbestimmte Strafdauer" gekennzeichnet ist.

2. Juristenklinik.

Als einige Jahre lang die Lehre Lombroso's die Kriminalwissenschaften beherrschte und für die Kriminalpolitik der Zukunft ausschlaggebend zu werden schien, nahm das Studium der Geisteskrankheit für die Juristen eine besonders wichtige Stelle ein. Die

Lehre Lombroso's freilich wurde bald durch neue Lehren aus dem Felde geschlagen, doch auch in diesen spielt ja die „moral insanity" immer noch eine gewisse Rolle; wurde das Verbrechen auch auf eine ganz neue — die soziale — Basis gestellt, so blieb doch der nicht seltene Zusammenhang zwischen Kriminalität und Irrsinn bestehen.

Der Strafrichter wurde, wie wir gesehen haben, nicht durch den Irrenarzt ersetzt, er konnte aber den Irrenarzt nicht mehr entbehren, und der Jurist, der unter dem Strafgesetzbuch der Zukunft zu arbeiten haben wird, wird sich mit der „gerichtlichen Medizin", die schon heute in den Vorlesungsverzeichnissen eine Rolle spielt, mehr als bisher beschäftigen müssen; das Studium der Geisteskrankheiten wird nicht der nebensächlichste Teil seiner Ausbildung sein können.

Es ist daher kein Wunder, daß einer der rührigsten Vertreter der modernen Kriminalwissenschaft vor einigen Jahren, während des Überganges von der Kriminalbiologie zur Kriminalsoziologie, bereits einen weitgehenden Plan in dieser Richtung entwickelte. Als der erste internationale Kongreß für kriminelle Anthropologie im Jahre 1885 in Rom tagte, beherrscht von Lombroso's Lehre, die nur auf deutsch-österreichischer Seite einigen Widerspruch fand (Benedikt-Wien betonte schon damals den sozialen Faktor in der Kriminologie), wurde auch dieser Plan, auf den wir gleich zurückkommen, dem Kongresse unterbreitet. Die späteren Kongresse (Paris 1889, Brüssel 1892 und Genf 1896) machten sich mehr und mehr von dem Einflusse Lombroso's los, welcher selbst auf dem dritten Kongresse gar nicht mehr erschien.

Lombroso hatte die unbestrittene häufige Ähnlichkeit zwischen der Physiognomie des Verbrechers und des Irrsinnigen aufgedeckt und zur Grundlage seiner Lehre gemacht. Für den Juristen war es also von höchster Wichtigkeit, diese Physiognomien zu studieren, um jederzeit den nach Lombroso zum Verbrecher prädestinierten Geisteskranken erkennen zu können. Ging man in der Einseitigkeit der italienischen Schule bis zur äußersten Konsequenz, so genügte es, unter verschiedenen Angeschuldigten einen Irrentypus herauszufinden, um damit zugleich den Verbrecher festzustellen. Aber auch auf dem Boden der neuen deutsch-niederländischen Schule spielt die Kenntnis dieses Irrentypus eine bedeutende Rolle, da die Behandlung des Verbrechers davon abhängt, ob er in diese oder eine der anderen Kategorien zu ordnen und demgemäß zu behandeln ist. Daher behauptet der nunmehr zu erörternde Plan auch in beiden Schulen: der italienischen biologischen, und der deutschen soziologischen, seinen Platz.

Es war wieder der mehrfach zitierte geistreiche Franzose G. Tarde — gegenwärtig Chef des statistischen Bureaus im Justizministerium — der zuerst eine Ergänzung des juristischen Studiums durch eine Verbrecherklinik forderte, eine Klinik, in der in erster Reihe nicht der Mediziner, sondern der Jurist seine Studien macht. Daß diese Idee keine müßige Spielerei ist, können wir aus ihrer schon jetzt vorhandenen teilweisen Verwirklichung ersehen. Welchem jungen Juristen wäre z. B. nicht die öffentliche Vorlesung von Professor Mendel in Berlin über Zurechnungsfähigkeit bekannt, in welcher eine große Zahl von Geisteskranken und Verbrechern vorgeführt wird? Tarde's Ziel liegt natürlich weiter. Der obligatorische Besuch von Gefängnissen während sechs Monaten ist seiner Ansicht nach für den jungen Juristen notwendig und würde für ihn einer zehnjährigen Übung gleichkommen. Der berühmte italienische Kriminalsoziologe Enrico Ferri teilt seine Ansicht und glaubt, daß in Zukunft eine fast unübersteigbare Scheidelinie die beiden Ämter trennen werde, die den Straf- und den Zivilprozeß zu führen haben, diejenigen, die „von den Verbrechern und die, welche von den Prozessen leben".[1]

Nachdem Tarde die Grundlinien seines Planes einer Verbrecherklinik für Juristen in französischen Revuen veröffentlicht hatte, lud Lombroso ihn ein, seine Ideen auf dem im November 1885 in Rom stattfindenden internationalen Kongreß für Kriminalanthropologie zu entwickeln. Tarde stellte für das Programm der auf dem Kongreß zu erörternden Fragen die These auf: „Die Studenten der Rechte dürften in Zukunft zu den Kursen des Kriminalrechts nur unter der Bedingung zugelassen werden, daß sie sich zuvor als Mitglied einer Patronatsgesellschaft für Gefangene einschreiben lassen, deren Vorsitzender ihr Professor ist. In dieser Eigenschaft würden sie, einzeln oder in Gruppen, zum wöchentlichen Besuch von Gefängnissen angehalten werden, insbesondere von den dem Orte ihres Studiums nächstgelegenen Zellengefängnissen, wodurch sie die Übelthäter und Verbrecher kennen lernen

---

[1] Tarde „La criminalité comparée", Paris 1893.

und gleichzeitig eines der wirksamsten Mittel gegen die Zunahme der Rückfälle ausüben und verbreiten würden. Der Nutzen wäre dreifach: Für die Studirenden, für die Verurteilten und für die Gesamtheit!"

Diese Forderung des obligatorischen Zellenbesuches durch die Studenten der Rechte während eines Teiles ihrer Studienzeit wurde auf dem Kongreß in Tarde's Abwesenheit von Ferri, der sich dem Gedanken völlig angeschlossen hatte, vertreten. Nach langer und lebhafter Redeschlacht nahm auch der Kongreß den Plan an.

Nach dem gegenwärtigen Stande der Kriminalwissenschaft und -Politik ist es weit weniger wichtig, den Verbrecher als solchen durch den Typus der Geisteskrankheit zu erkennen, als die Beurteilung der That und die entsprechende Behandlung nach seiner geistigen Beschaffenheit zu richten. Zeigt der Verbrecher die Physiognomie des Geisteskranken, so weiß der Strafrichter des künftigen Systems, das zweifellos mit bedingter Verurteilung und unbestimmter Haftdauer und mit einer engen Verbindung von Gericht und Gefängnis arbeiten wird, daß hier mit bedingter Verurteilung nichts zu erreichen ist, daß das „moralische Hospital" diesen Verbrecher in Pflege nehmen muß.

Mit dem „moralischen Hospital", wie Professor Collin das Gefängnis der Zukunft nennt, wird in Amerika bekanntlich schon lange und glücklich experimentiert; am ausgedehntesten sind wohl die erfolgreichen Versuche von Elmira in den Vereinigten Staaten. Dr. Wey, der Leiter der dortigen Anstalt, spricht sich über sein Ziel dahin aus: „Wir beabsichtigen, alle körperlich oder geistig zurückgebliebenen Sträflinge in Behandlung zu nehmen, um sie für die Arbeiten in Schule und Werkstatt vorzubereiten. Nach dieser Trainirung lassen sie sich intellektuell viel intensiver und erfolgreicher bearbeiten, als dies gleich nach ihrer Aufnahme in die Anstalt möglich ist." Das Beispiel von Elmira hat nicht nur in Amerika, sondern sogar in Japan Nachahmung gefunden. — Wenn aber das Gefängniswesen der heute immer lauter geforderten durchgreifenden Umgestaltung unterworfen wird, dann ist besonders auch eine völlige Umgestaltung in der Ausbildung und Überwachung des Aufsichtspersonales bringend erforderlich. „Ob das Gefängnis einen erziehenden, sozialisierenden Einfluß auf seine Insassen ausüben wird", schreibt Dr. Ellis („Verbrecher und Verbrechen"), „das hängt hauptsächlich von den Wärtern ab, mit denen die Gefangenen am häufigsten in Berührung kommen. Heutzutage weiß jedermann, wie ungeheuer wichtig es ist, daß Kranke gut geschulte Pfleger und Pflegerinnen haben. Und der Verbrecher in all seinen mannigfachen Variationen, mit seiner Verschlagenheit, seinem Hang zur Lüge, seinen plötzlichen Impulsen, seinen sonderbaren Gefühlsanwandlungen, ist ebenso schwer zu verstehen und zu behandeln, wie der geistig Kranke, und ohne einsichtsvolle Behandlung dürfen wir nicht hoffen, ihn zu einem sozialen Wesen zu machen. Niemand sollte einen Posten an einer Strafanstalt bekleiden dürfen, ohne vorher speziell für seinen Beruf vorbereitet worden zu sein."

Die Sorge um das Gefängniswesen, um die ganze Behandlung des Gefangenen ist aber eine Sorge des Juristen; nicht ohne Grund hat die internationale kriminalistische Vereinigung unter ihre wichtigsten, grundlegenden Forderungen den Satz aufgenommen:

„Da die Gerichts- und Vollzugsorgane die gleichen Gesichtspunkte haben, und das Urteil erst durch die Art seiner Ausführung zur Geltung kommt, so ist die von unserem modernen Gesetz vorgeschriebene Trennung von Gericht und Gefängnis irrationell und schädlich."

Sobald aber der Strafrichter nicht nur das Urteil fällt, sondern auch die Art seiner Ausführung zu überwachen hat, muß sein Studium der Kriminalität ein ganz anderes werden. Schon die individuelle Bemessung der Strafdauer erfordert eine gewisse Kenntnis der Verbrecherindividualität; ganz intensiv aber muß das Studium derselben werden, wenn die Behandlung des einzelnen Verbrechers in der Anstalt individuell gestaltet und sachgemäß geleitet werden soll. Für einen Strafrichter, der eine derartige Aufgabe erfüllen soll, ist die juristische Klinik eine unerläßliche Vorbedingung.

Nicht an dem Verbrecher Rache zu üben, sondern die Gesellschaft vor ihm zu sichern und ihn selbst wieder zu einem nützlichen Gliede der Gesellschaft zu machen, ist die Aufgabe des Richters im 20. Jahrhundert. Der Strafrichter wird zum Arzt, und wie der Arzt muß er seine praktischen Kenntnisse, bevor er sein schweres und unendlich verantwortungsvolles Amt antritt, in der Klinik sammeln. Ein juristischer Lehrplan der Zukunft wird als wesentlichen Bestandteil den Besuch einer Verbrecherklinik, einer Klinik für Juristen, enthalten müssen.

Es ist klar, daß ein in der oben geschilderten Weise vorgebildeter Richter die ihm zur Aburteilung vorliegenden Verbrechen und Vergehen und die Thäter selbst in unvergleichlich höherem Grade als bisher individuell betrachten und behandeln würde, und daß diese Individualisation der Strafe nach allen Richtungen von höchster Bedeutung wäre. Mit den alten Formeln, dem alten papiernen Schematismus würde so manche Sünde der gegenwärtigen Strafrechtspflege fallen, von jenen Buchstabentüsteleien, die heute nur zu oft das Rechtsbewußtsein des Volkes verletzen, bis zu den einseitigen und oft an den Haaren herbeigezogenen Aburteilungen politischer Verbrecher — stößt doch heute unsere Rechtspflege nicht selten auf den Verdacht, einseitig in dem Dienst einer politischen Partei zu stehen; wir sollten nicht vergessen, was schon der alte Heidelberger Professor Mittermaier in seinem 1851 erschienenen Buche über das englische Strafverfahren über die hohe Achtung, die dasselbe im Volke genießt, sagte: „Der Grund dieser Erscheinung liegt darin, daß die Richter, abgesehen von ihrer sorgfältigen Auswahl und unabhängigen Stellung, durch den verständigen englischen Geist, welcher die in manchen Ländern weit getriebene Verfolgung wegen politischer Vergehen nicht kennt und nur höchst selten solche Untersuchungen anstellen läßt, vor den Nachteilen bewahrt werden, welche mehr oder minder auf den Richterstand wirken, wenn die Richter zu häufig in die Lage kommen, über politische Verbrechen zu entscheiden, und auf diese Art gleichsam genötigt werden, eine politische Partei zu ergreifen, wobei sie leicht wenigstens den Verdacht erwecken können, daß sie zu willfährige Werkzeuge der Regierung wären." Gewiß hat der Staatsanwalt die Interessen des Staates, der ganzen Gesellschaft, zu vertreten; diese Interessen werden aber keineswegs gefördert, wenn durch unangebrachte Verfolgungen und Strafen das Volk beunruhigt und mißtrauisch wird; der soziale Kampf wird durch solche Maßnahmen nicht gemildert, sondern verschärft. Aufgabe des juristischen, des moralischen Arztes der Gesellschaft aber ist es, mitzuwirken an der Milderung und Beilegung dieses Kampfes, aus dem die antisozialen Handlungen entspringen, seine

Aufgabe ist es, das Verbrechen nicht nach ewig gleichen Formeln abzuurteilen, es vielmehr als soziale Erscheinung kennen zu lernen, zu untersuchen und entsprechend zu behandeln. Der Richter kuriert, als hilfsbereiter Assistenzarzt, die einzelne Krankheitserscheinung, während der Sozialpolitiker den Krankheitserreger, den bösen Bazillus, aufspürt und die Mittel zu seiner Bekämpfung ersinnt, jene „sozialen Schäden, in denen das Verbrechen wurzelt und wuchert", zu beseitigen, die soziale Moral zu läutern und zu heben.

V. Statistische

1. Verbrechen und Vergehen

Art der Verbrechen und Vergehen.	1895 Angeklagte	Verurteilungen Personen	Verurteilungen Handlungen
Verbr. u. Vergehen g. Reichsgesetze überhaupt	578 752	454 211	550 793
a) geg. Staat, öffentl. Ordnung, Religion	92 585	79 681	86 570
b) gegen die Person	242 203	187 834	206 049
c) gegen das Vermögen	242 187	185 243	255 282
Insbesondere:			
Hausfriedensbruch	25 287	20 095	26 427
Verletzung der Wehrpflicht	18 111	17 892	17 896
Meineid	3 250	1 747	1 969
Unzucht, Notzucht	5 236	4 221	7 077
Beleidigung	72 036	53 192	72 637
Mord und Totschlag	358	283	283
Einfache Körperverletzung	34 412	26 927	28 749
Gefährliche Körperverletzung	100 409	80 096	65 822
Nötigung und Bedrohung	14 087	11 092	19 865
Diebstahl	114 521	93 044	117 525
Unterschlagung	24 952	19 282	33 241
Raub und Räuberische Erpressung	493	415	365
Hehlerei	12 300	7 653	9 933
Betrug	31 078	22 392	44 059
Fälschung öffentlicher u. s. w. Urkunden	5 584	4 758	8 932
Brandstiftung	753	485	565
Auf 10 000 strafmündige Personen der Zivilbevölkerung kommen:			
Verbr. u. Vergehen g. Reichsgesetze überhaupt	159,4	125,1	151,7
a) geg. Staat, öffentl. Ordnung, Religion	25,5	22,0	23,8
b) gegen die Person	66,7	51,7	56,8
c) gegen das Vermögen	66,7	51,0	70,3
d) Verbrechen und Vergehen im Amte	0,5	0,4	0,8
Gewalt und Drohungen gegen Beamte	4,8	4,4	4,7
Hausfriedensbruch	7,0	5,5	7,3
Verletzung der Wehrpflicht	5,0	4,9	4,9
Meineid	0,9	0,5	0,5
Unzucht, Notzucht	1,4	1,2	2,0
Beleidigung	19,8	14,7	20,0
Mord und Totschlag	0,1	0,08	0,08
Einfache Körperverletzung	9,5	7,4	7,9
Gefährliche Körperverletzung	27,7	22,1	18,1
Nötigung und Bedrohung	3,9	3,1	5,3
Diebstahl	31,5	25,6	32,4
Unterschlagung	6,9	5,3	9,2
Raub und Räuberische Erpressung	0,1	0,1	0,1
Hehlerei	3,4	2,1	2,7
Betrug	8,6	6,2	12,1
Fälschung öffentlicher u. s. w. Urkunden	1,5	1,3	2,5
Sachbeschädigung	6,2	4,5	5,2
Brandstiftung	0,2	0,1	0,2

Tabellen.

gegen Reichsgesetze.

Von den im Jahre 1895 Verurteilten waren				Von den im Jahre 1894 Verurteilten waren			
männlich	weiblich	12 bis unter 18 Jahr alt	vorbestraft	männlich	weiblich	noch nicht 18 Jahr alt	vorbestraft
377 214	76 997	44 384	172 169	370 392	75 718	45 554	164 721
70 741	8 940	1 919	26 538	68 094	8 433	1 925	24 751
159 808	28 026	10 883	65 177	154 927	27 050	10 783	60 658
145 298	39 945	31 568	80 207	145 865	40 151	32 816	79 025
17 738	2 357	891	8 250	17 053	2 338	899	7 542
17 892	—	5	161	17 554	2	3	174
1 275	472	70	740	538	235	36	300
4 187	34	948	1 536	4 120	24	1 017	1 490
38 728	14 464	1 214	14 407	38 368	14 353	1 256	13 589
241	42	14	147	225	50	18	79
24 045	2 882	1 302	10 002	22 895	2 761	1 180	9 196
73 618	6 478	6 223	29 225	71 339	6 062	6 015	27 336
10 418	674	315	5 546	9 688	618	332	4 957
68 370	24 674	21 870	41 191	70 737	24 722	22 921	41 774
15 596	3 686	2 149	8 600	15 197	3 518	2 071	8 053
400	15	67	268	452	6	94	286
4 932	2 721	1 075	2 874	5 173	2 829	1 176	2 919
18 209	4 183	1 830	11 961	17 974	3 949	1 833	11 536
3 964	794	547	1 990	3 724	793	555	1 816
384	101	140	176	422	86	155	171
Von je 100 Verurteilten entfallen auf die oben genannten Kategorien:				Von je 100 Verurteilten entfallen auf die oben genannten Kategorien:			
83,0	17,0	9,8	37,9	83,0	17,0	10,2	36,9
88,8	11,2	2,4	33,3	89,0	11,0	2,5	32,3
85,1	14,9	5,8	34,7	85,1	14,9	6,0	33,3
78,4	21,6	17,0	43,3	78,4	21,6	17,6	42,5
94,1	5,9	1,0	17,0	94,7	5,3	1,9	18,1
92,9	7,1	2,4	59,9	93,2	6,8	2,3	57,5
88,3	11,7	4,4	41,1	87,9	12,1	4,6	38,9
100,0	—	0,03	0,9	100,0	—	—	1,0
73,0	27,0	4,0	42,4	69,6	30,4	4,7	38,8
99,2	0,8	22,5	36,4	99,4	0,6	24,5	36,0
72,8	27,2	2,3	27,1	72,8	27,2	2,4	25,8
85,2	14,8	4,9	51,9	81,8	18,2	6,5	28,7
89,3	10,7	4,8	37,1	89,2	10,8	4,6	35,8
91,9	8,1	7,8	36,5	92,2	7,8	7,8	35,3
93,9	6,1	2,8	50,0	94,0	6,0	3,2	48,1
73,5	26,5	23,5	44,3	74,1	25,9	24,1	43,8
80,9	19,1	11,1	44,6	81,2	18,8	11,1	43,0
96,4	3,6	16,1	64,6	98,7	1,3	20,5	62,4
64,4	35,6	14,0	37,6	64,6	35,4	14,7	36,5
81,3	18,7	8,2	53,4	82,0	18,0	8,4	52,6
83,3	16,7	11,5	41,8	82,4	17,6	12,3	40,2
94,0	6,0	16,0	39,5	94,2	5,8	17,3	37,2
79,2	20,8	28,9	36,3	83,1	16,9	30,5	33,7

2. Die Verurteilten

Staaten und Landesteile (Ort der That)	Verbrechen und Vergehen					Auf 10 000 strafmündige Personen der Zivil=				
		a	b	c	d	1	2	3	4	5
	gegen Reichs=gesetze über=haupt	gegen Staat, öffent=liche Ord=nung, Re=ligion	gegen die Person	gegen das Ver=mögen	im Amte	Ge=walt u. s. w. gegen Be=amte	Haus=frie=dens=bruch	Ver=letzung der Wehr=pflicht	Mein=eid	Un=zucht Not=zucht
Prov. Ostpreußen	155,6	25,2	60,5	69,4	0,5	3,9	10,2	6,3	0,47	0,58
„ Westpreußen	174,4	41,1	64,9	67,8	0,6	5,4	10,1	22,1	0,47	0,66
Stadt Berlin	176,0	36,4	51,4	88,0	0,2	4,4	6,9	1,9	0,14	1,26
Prov. Brandenburg	128,2	18,2	54,2	55,4	0,4	5,5	5,6	1,7	0,12	1,43
„ Pommern	116,8	19,8	54,0	42,8	0,2	4,2	5,9	6,6	0,15	1,15
„ Posen	170,4	35,1	68,9	66,0	0,4	3,7	7,3	18,7	0,26	0,80
„ Schlesien	150,7	22,8	64,5	62,9	0,5	6,3	7,4	2,5	0,34	1,05
„ Sachsen	126,8	16,5	55,0	54,9	0,4	4,3	5,2	1,5	0,39	1,34
„ Schleswig-Holstein	97,5	24,0	30,2	42,8	0,5	6,3	5,3	8,3	0,10	1,08
„ Hannover	97,6	16,5	40,2	40,6	0,3	3,1	6,5	4,1	0,20	0,72
„ Westfalen	97,9	16,5	45,4	35,7	0,3	3,6	6,2	2,5	0,22	1,27
„ Hessen-Nassau	103,7	17,0	47,0	39,2	0,5	5,0	4,7	2,1	0,07	0,73
„ Rheinland	99,5	16,4	45,1	37,6	0,4	4,8	3,6	3,6	0,11	1,14
Königr. Preußen	127,8	21,9	52,7	52,8	0,4	4,7	6,2	5,1	0,23	1,05
Bayern rechts des Rheins	142,5	16,2	67,6	58,0	0,7	3,3	4,1	3,8	0,28	1,27
Bayern l.d.Rh.(Rbz.Pfalz)	192,9	27,7	108,4	56,2	0,6	4,2	6,7	9,5	0,14	1,57
Königr. Bayern	148,8	17,7	72,6	57,8	0,7	3,5	4,	4,5	0,26	1,31
Königr. Sachsen	94,3	21,7	26,1	46,2	0,3	6,1	3,6	1,2	0,09	1,45
Württemberg	100,2	19,3	41,6	38,7	0,6	4,8	2,3	4,8	0,18	1,25
Baden	104,7	15,4	44,2	44,7	0,4	3,2	2,9	2,9	0,20	1,59
Hessen	97,5	10,2	50,2	36,7	0,4	2,8	3,3	1,8	0,34	1,07
Mecklenburg-Schwerin	87,6	17,9	27,3	41,8	0,6	2,8	4,7	1,5	0,44	1,23
Sachsen-Weimar	94,8	12,1	30,2	52,1	0,4	4,7	3,7	1,4	0,08	2,07
Mecklenburg-Strelitz	93,2	11,1	35,4	46,4	0,3	2,9	3,1	0,5	—	0,55
Oldenburg	97,8	19,4	32,7	45,4	0,3	1,7	6,2	7,1	0,20	0,67
Bremen	201,5	50,7	58,9	91,2	0,7	8,2	20,4	10,5	0,37	1,03
Hamburg	224,0	62,2	98,8	122,0	1,0	13,9	9,3	4,4	0,17	1,71
Elsaß-Lothringen	99,9	27,2	43,0	29,4	0,3	2,4	3,1	19,4	0,01	0,67
Deutsches Reich 1894	124,3	21,3	50,7	51,9	0,4	4,5	5,4	4,9	0,22	1,16
Dagegen im Jahre 1893	120,9	20,5	48,4	51,6	0,4	4,3	5,1	5,4	0,24	1,09
92	119,9	18,8	44,9	55,8	0,5	4,0	5,0	5,3	0,22	0,99
91	112,2	17,7	43,0	51,1	0,4	3,8	4,9	5,1	0,23	0,96
90	112,0	18,6	43,5	49,4	0,5	3,9	5,0	5,7	0,22	0,97

nach den Landesteilen.

bevölkerung kommen Verurteilte wegen

6	7	8	9	10	11	12	13	14	15	16	17	18
Beleidigung	Mord und Totschlag	Einfacher Körperverletzung	Gefährlicher Körperverletzung	Nötigung und Bedrohung	Diebstahl	Unterschlagung	Raub u. s. w.	Hehlerei	Betrug	Fälschung von Urkunden	Sachbeschädigung	Brandstiftung
19,9	0,07	10,5	24,0	2,8	37,7	4,8	0,17	3,8	4,2	1,28	5,6	0,18
13,1	0,06	11,3	32,4	4,6	40,9	4,5	0,43	4,2	3,5	1,17	6,5	0,15
14,6	0,02	9,7	12,5	1,9	39,8	14,1	0,10	3,8	10,4	3,19	3,4	0,01
18,4	0,06	10,1	18,9	2,4	30,1	5,0	0,12	2,4	5,2	0,84	5,0	0,17
14,7	0,11	11,1	21,7	1,9	22,5	3,7	0,10	1,9	3,1	0,96	4,4	0,12
16,0	0,10	11,3	32,5	4,8	40,9	4,5	0,17	4,2	3,2	1,45	5,4	0,21
20,1	0,08	11,1	23,7	5,0	34,1	6,6	0,12	3,6	5,8	1,58	4,5	0,23
19,2	0,09	9,3	18,5	3,1	29,2	5,3	0,14	2,6	6,2	1,01	4,0	0,17
10,5	0,03	5,5	10,6	1,1	23,2	4,3	0,01	1,8	4,3	1,13	3,7	0,17
12,4	0,08	8,1	14,8	1,8	19,7	4,4	0,09	1,2	5,8	1,00	4,9	0,11
9,0	0,07	6,5	22,1	3,7	16,7	3,0	0,28	1,1	3,8	1,15	5,5	0,10
17,7	0,03	5,5	17,3	2,8	18,8	4,8	0,05	1,5	5,7	1,18	3,8	0,04
13,1	0,09	5,6	20,4	1,6	17,8	3,3	0,14	1,6	4,1	1,16	4,7	0,06
15,6	**0,07**	**8,7**	**20,8**	**2,9**	**27,6**	**5,1**	**0,14**	**2,5**	**5,1**	**1,29**	**4,7**	**0,13**
15,1	0,10	7,6	36,3	4,2	28,3	6,3	0,14	1,8	10,1	1,04	5,8	0,13
20,7	0,06	18,2	56,9	6,9	24,9	7,1	0,08	2,1	8,7	1,28	8,1	0,06
15,8	**0,09**	**8,9**	**38,8**	**4,5**	**27,9**	**6,4**	**0,13**	**1,9**	**10,0**	**1,07**	**6,1**	**0,12**
11,7	0,06	1,3	7,9	0,9	26,2	5,2	0,07	1,7	6,6	1,52	2,4	0,21
14,4	0,10	2,6	18,0	3,2	18,7	3,5	0,06	1,4	6,8	1,18	3,5	0,22
8,8	0,08	2,4	24,7	3,4	21,5	4,6	0,10	1,5	8,0	1,41	4,3	0,12
15,0	0,05	5,3	23,9	2,8	15,4	4,3	0,01	1,0	5,8	1,30	4,6	0,10
5,5	0,05	3,1	14,7	1,3	24,2	3,4	0,21	1,4	4,4	0,60	3,3	0,30
12,3	0,08	2,3	9,5	2,2	28,1	5,9	0,17	1,6	7,6	1,00	4,3	0,21
12,9	—	5,5	14,5	1,4	27,2	2,9	0,14	2,6	4,2	0,14	5,5	—
9,0	—	4,7	15,7	0,9	21,8	4,6	0,08	1,0	6,1	0,27	6,6	0,20
16,6	0,15	8,9	24,5	3,7	40,9	10,8	—	4,0	17,1	2,05	10,7	0,07
12,2	0,17	4,0	12,9	1,5	52,6	16,1	0,27	5,2	13,5	3,09	5,2	0,08
11,4	0,06	3,8	23,6	1,3	13,2	2,4	0,05	0,9	3,1	0,51	4,6	0,03
14,7	**0,08**	**7,2**	**21,6**	**2,9**	**26,6**	**5,2**	**0,13**	**2,2**	**6,1**	**1,26**	**4,7**	**0,14**
14,2	0,08	6,8	20,5	2,7	26,9	5,1	0,11	2,3	5,8	1,23	4,5	0,15
13,2	0,09	6,5	18,6	2,5	31,0	5,2	0,14	2,6	5,9	1,21	4,2	0,16
12,9	0,07	6,3	17,8	2,3	28,1	4,9	0,13	2,2	5,4	1,10	4,0	0,13
13,3	0,08	6,3	17,9	2,3	27,2	4,8	0,13	2,2	5,1	1,10	4,1	0,14

3. Die Verurteilten

Deutsches Reich —— Geschlecht u. Altersklassen der Verurteilten	Verbrechen und Vergehen gegen Reichsgesetze ausschl. der Verletzung der Wehrpflicht	Gewalt und Drohungen gegen Beamte	Haus- friedens- bruch	Ver- letzun- gen der Eides- pflicht	Un- zucht, Not- zucht	Kup- pelei	Beleidi- gung	Mord	Tot- schlag
	Die im Durchschnitt der Jahre								
Verurteilte überhaupt	378 380	13 957	17 262	1 556	3 460	2 180	46 618	118	152
Männliche Verurteilte	307 306	12 886	15 038	1 137	3 432	867	33 995	94	124
Jugendliche	32 554	256	609	30	786	8	736	7	4
Weibliche Verurteilte	69 074	1 071	2 224	419	28	1 313	12 623	24	28
Jugendliche	7 227	24	46	15	12	4	231	4	1
	berechnet auf 100 000 strafmündige Personen der								
Verurteilte überhaupt	1 081,70	40,11	49,61	4,47	9,94	6,27	133,98	0,34	0,44
Männliche Verurteilte	1 847,03	77,45	90,38	6,83	20,63	5,21	204,32	0,56	0,75
Jugendliche	1 032,72	8,12	19,32	0,95	24,93	0,25	23,35	0,22	0,13
Erwachsene	2 037,38	93,66	107,00	8,21	19,62	6,37	246,63	0,65	0,89
12 bis unter 15 Jahr alt	679,53	1,16	5,02	0,06	9,98	—	8,02	0,06	—
15 „ „ 18 „ „	1 412,43	15,60	34,69	1,91	41,01	0,53	39,83	0,39	0,26
18 „ „ 21 „ „	3 291,04	120,90	159,58	7,24	36,54	3,79	127,32	0,99	1,23
21 „ „ 25 „ „	3 327,28	173,59	191,04	8,00	27,43	8,76	197,59	1,07	1,68
25 „ „ 30 „ „	2 928,12	161,84	171,42	9,24	22,64	11,29	265,40	1,16	1,49
30 „ „ 40 „ „	2 259,13	111,02	121,49	9,26	19,66	8,58	324,76	0,72	1,01
40 „ „ 50 „ „	1 651,22	68,33	81,93	9,54	15,99	5,72	316,35	0,45	0,61
50 „ „ 60 „ „	1 068,39	35,57	45,77	8,28	13,26	3,51	234,76	0,27	0,44
60 „ „ 70 „ „	571,75	15,64	21,25	5,35	11,90	1,87	132,08	0,17	0,17
70 Jahr und älter . .	227,25	5,33	8,08	2,26	8,72	0,65	51,68	—	—
Weibliche Verurteilte	380,42	5,90	12,25	2,31	0,15	7,23	69,52	0,13	0,15
Jugendliche	229,56	0,76	1,46	0,48	0,38	0,13	7,34	0,13	0,03
Erwachsene	412,06	6,98	14,51	2,69	0,11	8,72	82,56	0,13	0,18
12 bis unter 15 Jahr alt	142,96	0,25	0,43	—	0,25	0,06	2,15	0,12	0,06
15 „ „ 18 „ „	322,03	1,31	2,56	0,99	0,53	0,20	12,87	0,13	—
18 „ „ 21 „ „	443,59	4,75	6,68	2,52	0,30	1,19	30,80	0,15	0,22
21 „ „ 25 „ „	443,58	7,56	9,16	2,78	0,24	4,49	52,98	0,24	0,47
25 „ „ 30 „ „	482,41	9,04	13,51	2,68	0,11	10,40	83,50	0,21	0,37
30 „ „ 40 „ „	522,65	9,39	20,30	2,95	0,09	14,58	114,37	0,16	0,16
40 „ „ 50 „ „	489,40	8,76	23,20	3,50	0,08	13,16	119,08	0,11	0,08
50 „ „ 60 „ „	314,74	5,39	14,79	2,89	0,05	7,25	81,66	0,05	0,10
60 „ „ 70 „ „	153,03	2,08	5,97	1,44	—	3,31	40,97	0,07	—
70 Jahr und älter . .	58,25	0,92	2,25	0,66	—	0,79	15,93	—	—

nach Alter und Geschlecht.

1886/95 Verurteilten											
Einfache Körperverletzung	Gefährliche	Nötigung und Bedrohung	Einfacher Diebstahl, auch im wiederholten Rückfall	Schwerer	Unterschlagung	Raub und Räub. Erpressung, auch im Rückfall	Hehlerei, auch im wiederholten Rückfall	Betrug, auch im wiederholten Rückfall	Fälschung öffentlicher u. s. w. Urkunden	Sachbeschädigung	Brandstiftung
21 989	64 092	8 196	82 660	10 946	16 785	424	7 659	18 192	3 804	14 253	503
19 682	59 373	7 714	58 647	9 641	13 471	406	4 694	14 651	3 124	13 372	405
937	4 687	247	13 191	2 818	1 471	73	899	1 065	406	2 224	108
2 307	4 719	482	24 013	1 305	3 314	18	2 965	3 541	680	881	98
69	194	7	4 772	300	361	5	129	557	83	84	49

Zivilbevölkerung desselben Alters und Geschlechts.

63,20	184,20	23,56	237,56	31,46	48,24	1,22	22,01	52,28	10,93	40,96	1,45
118,30	356,86	46,36	352,49	57,95	80,97	2,44	28,21	88,06	18,78	80,37	2,43
29,72	148,69	7,84	418,46	89,40	46,66	2,32	28,52	33,79	12,88	70,55	3,43
139,00	405,52	55,37	337,07	50,59	88,98	2,47	28,14	100,74	20,15	82,67	2,20
10,72	45,62	1,41	368,97	70,11	25,23	1,71	24,98	15,86	6,06	51,37	3,12
50,16	259,50	14,75	471,66	110,13	69,71	2,96	32,32	53,06	20,21	91,17	3,75
198,18	1012,65	63,04	626,82	149,71	133,49	6,58	39,59	134,98	36,62	207,90	3,13
243,54	958,09	73,23	514,82	107,83	142,80	6,25	35,51	164,82	35,81	170,39	2,82
230,03	645,87	75,94	455,08	72,45	134,83	4,32	34,09	156,03	30,77	118,89	2,60
165,08	339,35	70,00	365,27	44,31	105,77	2,18	32,54	119,43	22,30	76,92	2,45
102,10	194,29	55,23	272,08	25,04	71,82	0,85	28,24	83,27	14,36	48,04	2,23
53,61	116,80	34,64	184,06	12,99	41,82	0,16	20,61	49,71	8,22	26,80	1,59
25,24	56,86	16,23	109,73	5,01	20,57	0,17	11,56	24,05	3,91	13,51	1,10
9,21	21,97	5,65	45,71	0,97	7,27	—	3,88	9,04	2,10	7,27	0,48
12,71	25,99	2,65	132,25	7,19	18,25	0,10	16,33	19,50	3,75	4,85	0,54
2,19	6,16	0,22	151,58	9,53	11,47	0,16	4,10	17,69	2,64	2,67	1,56
14,91	30,15	3,16	128,19	6,70	19,67	0,09	18,90	19,88	3,98	5,31	0,33
0,98	2,52	0,06	105,01	6,52	5,35	0,12	3,08	8,00	1,29	1,48	1,48
3,48	10,05	0,39	201,31	12,74	18,00	0,20	5,19	28,05	4,07	3,94	1,64
7,13	19,97	1,19	233,00	15,14	28,06	0,15	8,98	39,93	6,31	5,34	0,59
12,40	28,35	2,24	184,70	12,46	25,93	0,12	12,40	33,02	6,20	5,73	0,35
19,50	37,78	3,89	160,59	9,46	24,75	0,16	16,50	26,33	5,73	6,20	0,26
23,04	42,65	4,63	140,83	6,93	24,00	0,12	25,74	20,64	4,88	6,75	0,37
18,99	38,31	4,70	118,29	4,70	20,79	0,04	31,06	16,54	3,46	6,17	0,38
10,73	23,81	2,55	76,08	2,35	12,10	0,05	19,69	9,85	1,76	4,46	0,24
4,74	10,71	1,22	39,96	0,86	5,53	—	7,98	4,67	0,79	2,23	0,14
1,59	3,70	0,40	14,66	0,13	1,85	—	2,77	1,85	0,26	0,79	0,13

Litteratur.

Avé-Lallemant, Das deutsche Gaunertum. Leipzig 1858.
Bär, Der Verbrecher. Leipzig 1893.
Bruck, Dr. J., Die gesetzliche Einführung der Deportation. Breslau 1897.
Baumann, J., Handbuch der Moral. Leipzig 1879.
Beccaria, Verbrechen und Strafen, deutsch. 2. Aufl. 1876. († 1794).
Ellis, Havelock, Verbrecher und Verbrechen, deutsch von Dr. Kurella. Leipzig 1894.
Ferri, E., Das Verbrechen als soziale Erscheinung, deutsch von Dr. Kurella. 1896 u. a.
Ferriani, L., Minderjährige Verbrecher. Berlin 1897.
Gonser, J., Die geschlechtlichen Verhältnisse der evangelischen Landbewohner im Königr. Württemberg. Leipzig 1897.
Griesinger, W., Pathologie und Therapie der psychischen Krankheiten. 5. Aufl. 1892.
Heim, H., Die jüngsten und die ältesten Verbrecher. Berlin 1897.
Henke, Handbuch des Kriminalrechts und der Kriminalpolitik. 1828.
Huber, V. A., Reisebriefe. Hamburg 1855.
Krafft-Ebing, Frhr. v., Lehrbuch der Psychiatrie. 3. Aufl., 1888; Psychopathia sexualis, 2. Aufl., 1891 u. a.
Kurella, Dr. H., übersetzt die Schriften von Ellis, Ferri, Sighele u. a.
Lechler, P., Nationale Wohnungsreform. Berlin 1895.
Liszt, F. v., Strafrecht, Zeitschrift f. d. ges. Strafrechtswissenschaft u. s. w.
Lombroso, C., Der Verbrecher, 1887 ff., Genie und Wahnsinn 1887, der politische Verbrecher 1890 u. s. f.
Macaulay, Machiavelli, deutsch von Möllenhof.
May, Max, Wie der Arbeiter lebt. Berlin 1897.
Mayr, G. v., Bevölkerungsstatistik. Freiburg 1897.
Mittermaier, Die Todesstrafe. 1862, u. a.
Moraglia, G. B., Neue Forschungen auf dem Gebiete der weiblichen Kriminalität, deutsch von Wenge. Berlin 1897.
Oppenheimer, F., Die Siedlungsgenossenschaft. Berlin 1896.
Öttingen, A. v., Moralstatistik. 3. Aufl. 1882.
Paulsen, System der Ethik. Berlin 1897.

Ribot, Die Vererbung. Leipzig 1894.
Rudeck, W., Geschichte der öffentlichen Sittlichkeit in Deutschland. Jena 1897.
Schäffle, A. und Lechler, Neue Beiträge zur nationalen Wohnungsreform. Berlin 1897.
Sighele, S., Psychologie des Auflaufs und der Massenverbrechen, deutsch von Dr. Kurella. Dresden 1897.
Spencer, H., Erziehung, 3. Aufl. 1888; Soziologie, 1875; Thatsachen der Ethik, deutsch von Vetter. Stuttgart 1879 u. a.
Starke, Verbrechen und Verbrecher in Preußen. Berlin 1884.
Trüdinger, Die Arbeiterwohnungsfrage. Jena 1888.
Wagner, Die Sittlichkeit auf dem Lande. Leipzig 1896.

Agius, Jimeno, La Criminalitad en España. 1885.
Beccaria, Cesare, Dei delitti e delle pene. 1764 s. o.
Block, Maurice, Statistique de la France comparée avec les divers pays de l'Europe.
Bouvecchiato, E., A proposito di un processo scandaloso. Venezia 1884.
Bournet, La Criminalité en France et en Italie. 1884.
Candolle, A. de, Histoire des Sciences etc. Genf 1885.
Dallemagne, Dégénérescence individuelle et Dégénéresce collective. Brüssel 1897.
Durkheim, E., Le Suicide. Paris 1897.
Ellis, H., s. o.
Ferri, E., Omicidio; Nuovi Orizzonti del diritto etc. Bologna 1884.
Ferriani, s. o.
Florian e Cavaglieri, I vagabondi. Turin 1897.
Funck-Brentano, Th., Morale politique. Paris 1897.
Garofalo, R., Criminologie. Paris 1890.
Kocher, La Criminalité chez les Arabes. Paris 1884.
Lauvergne, Les Forçats. 1841.
Laveleye, Lettres sur l'Italie. Paris 1880.
Loiseleur, J., Les Crimes et les Peines. 1863.
Lombroso, C., s. o.
Malon, B., La morale sociale. Milano 1897.
Misère et Mortalité, par le groupe des étudiants socialistes de Paris 1897.
Moraglia, G. B., s. o.
Poletti, La persona giuridica nella scienza del diritto penale. Udine 1886.
Raffalovich, A., Le Logement de l'Ouvrier et du Pauvre. Paris 1887.
Ribot, Les Maladies de la Personalité et de la Volonté.
Sighele, S., La delinquenza settaria. Milano 1897 u. a.

Spencer, H., s. o.
Strauss, Paul, L'Enfance malheureuse. Paris 1896.
Tarde, G., La Criminalité comparée, Paris 1893, la Philosophie pénale, les Lois de l'Imitation, 1890 u. a.

Zeitschriften:

Die Zukunft (verschiedene Aufsätze von Lombroso u. a.). — Zeitschrift für die ges. Strafrechtswissenschaft (v. Liszt). — Blätter für Gefängniskunde. — Deutsche Juristenzeitung. — Neuland. — Die Wahrheit. — Neue Revue (Wien). — Deutsche Revue. — Das Leben (Wien). — Ethische Kultur. — Wiener Rundschau. — Die Gegenwart. — La Revue Philosophique. — Archives de l'Anthropologie Criminelle. — La Revue Scientifique. — Revista de España u. a. m.

Gg. Freund, Verlagsbuchhandlung, Leipzig.

Deutsche Kaiser
und
Deutsches Volksvermögen.

Von

Max Rieck,
Hamburg - Hohenfelde.

== 3 Mark. ==

Den Manen des ersten deutschen Kaisers aus hohenzollernschem Hause ist das Buch gewidmet; der Ausspruch Kaiser Wilhelms I., daß er und seine Nachfolger mit Gottes Hilfe wollten Mehrer sein an den Gütern und Gaben des Friedens, auf dem Gebiete nationaler Wohlfahrt, Freiheit und Gesittung, ist für den Verfasser der Anlaß geworden, im Anschluß an die Berufszählung von 1895 die Fragen zu stellen: Wovon leben: 3 326 862 Deutsche, die ohne Beruf sind? — 2 835 222 Deutsche, die im bürgerlichen und im Hofdienst stehen? — 886 807 Deutsche, die häusliche Dienste verrichten? — 5 966 845 Deutsche, die im Handel und Verkehr stehen? — 20 253 251 Deutsche im Bergbau und Hüttenwesen, in Industrie, im Gewerbe, im Bauwesen? — Die Antwort darauf ist, daß die Genannten, insgesamt 33 268 987, von dem Produktionsüberschuß der 18 501 307 bei der Urproduktion (Güterschaffung) thätigen Deutschen leben. Will man als Ziel wirtschaftlichen Lebens die Förderung des Gesamtwohls durch Vermehrung des Volksvermögens aufstellen, so kann dies Ziel nur durch Vermehrung der Urproduktion erreicht werden. Alle übrigen Berufsarten bilden, wenn sie nicht Befruchter der Urproduktion sind, nur eine gleichmäßige Gruppe von Zehrern am Volksvermögen. Dieser in Kürze dargelegte Gedankeninhalt des Buches verrät den klar erfaßten und konsequent festgehaltenen Standpunkt des Physiokratismus, den man mindestens als ein heilsames Gegengewicht gegen den herrschenden Merkantilismus bezeichnen darf.

Wollte man nur von diesem Gesichtspunkte aus das Buch lesen, es würde Nutzen stiften, indem es zur Klärung wirtschaftlicher Ansichten dienen kann, aber es bietet noch mehr, es hat in seinen Zahlen und seinen Ausführungen doch Warnungstafeln in großer Fülle aufgestellt, die wohl im stande wären, uns vor Irrwegen und wirtschaftlichen Krisen zu bewahren, wenn man sich nur warnen lassen will.

Möchte doch das Buch recht viele Leser finden, es ist wohl geeignet, uns allen, ob wir nun den Standpunkt des Verfassers teilen oder nicht, das Gewissen zu schärfen.

„Anhaltischer Staatsanzeiger".

Gg. Freund, Verlagsbuchhandlung, Leipzig.

Ibsen als Idealist.

Vorträge über Henrik Ibsen's Dramen

gehalten an der
Humbold-Akademie zu Berlin
von
Dr. Adalbert von Hanstein.
Mit dem Bildnis Henrik Ibsen's.
=== 4 Mark. ===

Dieses inhaltsreiche Buch ist mit großer Freude zu begrüßen, denn es ist das erste, welches sich wirklich vorurteilslos mit dem großen nordischen Dichter, mit seinem Genie und seinen Schwächen beschäftigt. Ist es schon dadurch wertvoll, daß es in geschlossener, harmonischer Form in einer Reihe von Darstellungen, die einzelnen Dramen Ibsen's ihrem Inhalte und ihrer Technik nach anschaulich, auch für den Laien, schildert, so erhöht sich der Wert des Buches noch dadurch, daß es endlich einmal, in exakter Weise, an der Hand der sämtlichen Dichtungen Ibsen's natürliche Stellung gegen die Bekämpfer und gegen die zahlreichen falschen Freude des Dichters nimmt. —

Am interessantesten sind die Abschnitte, wo v. Hanstein gerade aus den Stücken, die als realistisch, ja als naturalistisch verschrieen sind, beweist, wie sehr man Ibsen als Idealisten verkennt. „Hamburger Fremdenblatt".

Volkshochschulen
und
Universitäts-Ausdehnungs-Bewegung.
Von
Ernst Schultze.
Mit einer Einleitung von Professor Dr. Eduard Reyer, Wien.
Erste und zweite Auflage.
=== 1 Mark 80 Pfg. ===

Die bedeutsame Bewegung, welche den Volkshochschulen augenblicklich in den verschiedensten Ländern, jetzt auch in deutschen Universitätsstädten Bahn brechen will, wird in der oben genannten Broschüre von Schultze einer einsichtsvollen, übersichtlichen Besprechung unterzogen. In großen Zügen wird die von allen Volksfreunden begrüßte gewaltige Entwickelung jener Bestrebungen vor Augen geführt und deren kulturelle, soziale und ethische Bedeutung charakterisiert. Möge es die Bewegung namentlich in Deutschland fördern helfen. „Göttinger Tageblatt".